Max Stier

Chapman's

DOGMA

Max Stier

Chapman's

ISBN/EAN: 9783955076344

Auflage: 1

Erscheinungsjahr: 2012

Erscheinungsort: Bremen, Deutschland

CHAPMAN'S „ALL FOOLS"

MIT

BESONDERER BERÜCKSICHTIGUNG SEINER QUELLEN.

INAUGURAL-DISSERTATION

ZUR

ERLANGUNG DER PHILOSOPHISCHEN DOKTORWÜRDE

DER

HOHEN PHILOSOPHISCHEN FAKULTÄT

DER

VEREINIGTEN FRIEDRICHS-UNIVERSITÄT

HALLE-WITTENBERG

VORGELEGT VON

MAX STIER

AUS GOTHA.

HALLE a. S.
HOFBUCHDRUCKEREI VON C. A. KAEMMERER & CO.
1904.

MEINEN LIEBEN ELTERN!

To George Chapman.

„George, it is thy genius innated,
Thou pick'st not flowers from another's field,
Stol'n similes, or sentences translated,
Nor seekest but what thine owne soile doth yielde:
Let barren wits go borrow what to write,
'T is bred and born with thee what thou inditest,
And our Comedians thou outstrippest quite,
And all the hearers more than all delightest,
With unaffected style and sweetest strain
Thy inambitious pen keeps on her pace,
And cometh near'st the ancient comic vein.
Thou hast beguil'd us all of that sweet grace,
And were Thalia to be sold and bought,
No »Chapman« but thyself were to be sought.“

So verherrlicht ein wenig bekannter Dichter, Thomas Freeman,[1]) seinen Zeitgenossen, den durch seine Homerübersetzung wohl bekannten George Chapman. Dies ist wohl das begeistertste Lob, das Chapman je geerntet hat, und wenn auch nicht alle Kritiker der Elisabethanischen Zeit dieses Urteil unterschrieben haben mögen, so spricht das obige Epigramm doch dafür, dass Chapman eine hohe, geachtete Stelle unter den Dichtern seiner Zeit einnahm. Es wird ja direkt behauptet, dass er alle Komödiendichter seiner Zeit übertreffe, Shakespeare nicht ausgenommen. In-

---

1) Thomas Freeman's Epigrams (4 to. 1616, Pt. 2ᵘᵈ Epig 87). Über weitere Proben zeitgenössischer Bewunderung Chapman's s. R. Hooper, in seiner Einleitung zur Ausgabe von Chapman's „The Iliads of Homer, Prince of Poets“, London 1865, p. 44 - 46.

teressant ist es auch, dass er als den antiken Komödien-
dichtern (ancient comic vein) ebenbürtig hingestellt wird.
Darunter sind natürlich Plautus und Terenz zu verstehen,
denn Aristophanes wurde damals wenig oder gar nicht gelesen und jedenfalls nicht nachgeahmt. Bei der Besprechung
des Prologes zu „All Fools" werde ich darauf noch zurück-
zukommen haben. Am eigentümlichsten sind jedoch die
Verse, die Chapman's Originalität im Gegensatz zu andern
Dichtern seiner Zeit preisen; vielleicht liegt hierin eine
Spitze gegen Ben Jonson, der ja seine Motive aus allen
möglichen klassischen Werken zusammentrug[1]) und darauf
sehr stolz war. Ganz so originell, wie ihn Freeman hier
hinstellt, war freilich Chapman nicht, sondern auch er ver-
schmähte es nicht, seine Motive bisweilen aus fremden
Quellen zu schöpfen, sowohl aus der klassischen Literatur,
als aus der seines Landes, wie man aus dieser Arbeit ersehen wird. Sicherlich war aber Chapman damals wegen
seiner Originalität berühmt, eine Eigenschaft, die ihm noch
heute die Wissenschaft in hohem Masse zugesteht.[2])

Befremdend ist dagegen, wenn das Epigramm Chapman's „unaffected style" rühmt, obwohl er gerade wegen
seiner krausen, dunklen Ausdrucksweise heutigen Tages bekannt ist.[3])

Wie aus den Untersuchungen von Koeppel hervorgeht,
erfand Chapman stets die Handlung seiner Komödien selbst-

---

1) Die Art und Weise, wie Jonson seine Werke aus klassischen
Quellen zusammenbaute, kann man am besten aus seinen eigenen Noten
zu „Sejanus his Fall" ersehen; Jonson wurde auch deshalb angegriffen,
wie aus der Vorrede zu Sejanus hervorgeht.

2) Vergl. dazu Koeppel: „Quellenstudien zu den Dramen George
Chapman's, Philip Massinger's und John Ford's", in den Strassburger
Quellen und Forschungen, Bd. 82. Strassburg 1897, p. 11: „Nach dem
jetzigen Stande der Forschung muss Chapman eine hervorragende Originalität in der Entwerfung seiner Pläne zuerkannt werden."

3) Vergl. Swinburne, Essay on Chapman, im 2. Bande der Shepherd'schen Ausgabe der Werke Chapman's, p. X; Hooper a. a. O. p. 13;
die Edinb. Review, vol. 72, p. 226 sagt: „His style is intensely crabbed
and confused."

ständig (nicht ganz so in seinen Tragödien), nur in „the Widow's Tear's" und in „All Fools" stützte er sich auf klassische Quellen, und zwar in den letzteren, wie längst konstatiert ist, auf den „Heautontimorumenos" des Terenz. [1])

Über das Verhältnis des Stückes zu dieser Quelle hat bereits Koeppel in der genannten Schrift S. 4—7 in kurzen Worten gehandelt und der Zweck meiner Arbeit soll es sein, diesen Beziehungen nebst anderen Quellen, die in bescheidenerem Masse in Betracht kommen, in Art eines Kommentars zu dem Stücke näher nachzugehen, und sonstige Bemerkungen von allgemeinem Interesse anzuknüpfen. Bevor ich damit beginne, erscheint es mir aber angebracht, zunächst eine Inhaltsangabe der terentianischen Komödie zu geben, da diese nicht jedem in ihren Einzelheiten gegenwärtig sein dürfte. Unterliesse ich dies und gäbe nur bei der Besprechung des Chapman'schen Stückes beständig Hinweise, wo und wann er sich auf seine Quelle stützt, so würde notwendigerweise der Eindruck hervorgerufen, als schliesse sich Chapman sehr eng an den „Heautontimorumenos" an, während ich gerade zu zeigen beabsichtige, dass die Quellenbenutzung eine ausserordentlich oberflächliche ist. Verfehlt würde es auch sein, in einer Inhaltsangabe nur die Scenen hervorzuheben, die auf das englische Stück mehr oder minder eingewirkt haben, wie dies Koeppel getan hat, was freilich durch die Kürze seiner Ausführung

---

1) Koeppel irrt übrigens, wenn er a. a. O. p. 6 behauptet, dies sei längst richtig erkannt, späterhin aber wieder vergessen worden. Langbaine (siehe Fussnote 1 zu S. 6 bei Koeppel) drückt sich allerdings sehr zaghaft aus, wenn er sagt: It *seems* to be built in part upon the same Fabrick with Terence's „Heautontimorumenos". „In part" ist sehr richtig bemerkt, sonst aber scheint Langbaine zweifelhaft gewesen zu sein. Dagegen wird der Heautontimorumenos als Quelle für „All Fools" klar und deutlich von Rich. Hooper a. a O. p. 33 (1865) erwähnt. Ferner bei Henry Morley „English Writers", London-Paris-Melbourne 1893, vol. X, p. 471. Endlich erwähnt auch Mézières diese Tatsache in seinem „Contemporains et Successeurs de Shakespeare", Paris 1897, p. 195, allerdings in demselben Jahre, in dem Koeppel's Schrift erschien, aber doch wohl unabhängig davon.

bedingt war. Wenn man ferner bei Koeppel (a. a. O. p. 6)
liesst: Die „dramatis personae" des lateinischen und englischen Stückes entsprechen sich wie folgt: Chremes =
Gostanzo, Clitipho = Valerio, Menedemus = Marc Antonio,
Clinia = Fortunio, Syrus = Rinaldo, Bacchis = Gratiana,
Antiphila . . . = Bellanora", so muss man eine falsche An-
schauung von der Quellenbenutzung gewinnen, zumal da
er auf p. 7 hinzufügt: „Im übrigen werden wir in dem
englischen Lustspiel auf Schritt und Tritt an die terentianische
Komödie erinnert, nicht nur in der Handlung, sondern auch
im Dialog". (Als Beweis führt er dafür ein Bild an, das
Ch. dem Terenz anscheinend entlehnt hat.) Das halte ich
jedoch nach meinen Untersuchungen nicht für richtig, und
auch deshalb muss ich der Abhandlung eine Inhaltsangabe
des „Heautontimorumenos" vorausschicken. Zu Grunde gelegt habe ich die Ausgabe von Carl Dzjatzko „P. Terenti
Afri Comoediae" editio stereotypa, Leipzig, Tauchnitz 1884,
p. 51—98, die jedem am leichtesten zugänglich sein dürfte.
Der Übersichtlichkeit halber gebe ich auch die übliche Ein-
teilung in Akte und Scenen, die Dzjatzko am Rande ver-
merkt hat.

Heautontimorumenos.

Akt I.

Scene 1. In der ersten Scene macht uns Terenz, wie
üblich, mit der Vorgeschichte des Stückes bekannt, indem
er uns zwei Greise im Gespräch miteinander vorführt.
Chremes, der eine, hat schon mehrere Male beobachtet, wie
sein erst kürzlich zugezogener Nachbar Menedemus sich
trotz seines Alters und seiner Wohlhabenheit den schwersten
Feldarbeiten unterzieht. Er ergreift jetzt die Gelegenheit,
ihn dafür mit freundlichen Worten zu tadeln und zu er-
mahnen, sich mehr zu schonen. Menedemus weist ihn zu-

nächst unmutig ab, dann aber veranlassen ihn dessen teilnehmende Worte, ihm den Grund dieser Selbstquälerei (daher der Titel) zu nennen. Er erzählt, dass sein Sohn Clinia ein Liebesverhältnis mit einem sehr armen, aber unbescholtenen Mädchen angeknüpft habe, und da er, der Vater, seine Einwilligung zur Heirat verweigert habe, sei er schliesslich davon gelaufen, um seinen ewigen Vorwürfen zu entgehen und habe beim Perserkönige Kriegsdienste genommen. Darüber hat nun Menedemus, ein sehr weichherziger Mann, derartige Reue empfunden, dass er seine ganzen Besitztümer in der Stadt veräusserte, und aufs Land zog, um sich dort die härtesten Arbeiten aufzuerlegen, zur Strafe dafür, dass er seinem Sohn in solche Not gebracht habe. Chremes spricht einige tröstende Worte und sieht dem Abgehenden bedauernd nach.

Scene 2. Chremers' Sohn Clitipho tritt aus dem Hause und erzählt, dass Clinia bereits wieder aus Persien zurückgekehrt und zunächst bei ihm, seinem Freunde von früher her, abgestiegen sei. Hocherfreut will Chremes sogleich zu Menedemus gehen, um ihm die frohe Nachricht mitzuteilen, Clitipho hält ihn aber zurück und bittet ihn, Menedemus nichts davon zu sagen. Clinia habe Furcht vor dem Zorne seines Vaters, denn er denke auch jetzt noch nicht daran, von seiner Geliebten zu lassen, er habe sogar seinen Burschen, begleitet von Chremes' Sklaven Syrus, in die Stadt geschickt, um sie hierher zu holen. Chremes willigt ein, denn er hält es für gut, dass der junge Mann etwas Furcht vor seinem Vater habe, der seiner Meinung nach viel zu milde ist, und beschränkt sich darauf, seinem Sohne, der Menedemus geschmäht hat, einige Ermahnungen, betreffend die Pflichten der Söhne gegenüber ihren Vätern, zu geben.

Akt II.

Scene 1. Clitipho, allein zurückgeblieben, räsonniert ein wenig über die eben gehörten Worte seines Vaters.

Dazu hat er allerdings reichlich Grund, denn er hat ebenfalls ein Verhältnis mit einem Mädchen angeknüpft, aber
nicht mit einem anständigen wie Clinia, sondern mit einer
Dirne, die grossen Aufwand macht und den flotten jungen
Mann schon manchmal in rechte Geldverlegenheit gebracht hat.

Scene 2. Clinia kommt nun aus dem Hause und
unterhält sich mit seinem Freunde. Er fühlt sich recht un-
glücklich, denn ausser der Furcht vor seinem Vater, ist er
auch besorgt um seine Geliebte, die Antiphila, deren Tugend
er bei ihrer alten habgierigen Mutter ziemlich gefährdet
weiss. Clitipho sucht ihm das auszureden, als ihn die An-
kunft der beiden abgeschickten Sklaven, die der Antiphila
vorausgeeilt sind, unterbricht.

Scene 3. Zunächst sehen sie ihre Herren noch nicht,
und Clinia hört aus ihren Reden zu seinem grossen Schrecken,
dass seine Geliebte nicht allein komme, sondern ein ganzes
Heer von Mägden, mit Gold und Gewändern beladen, mit
ihr. Das könne nur auf bösem Wege erworben sein, argwöhnt der eifersüchtige Clinia, denn früher sei sie arm gewesen und habe nur eine Sklavin besessen. Sofort bricht
er in die Worte aus: „O Juppiter, ubi namst fides?" (v. 256)
Doch Syrus beruhigt ihn: er hat Antiphila ganz in der alten
Armut und Sittsamkeit angetroffen, fleissig und sich nach
Clinia sehnend und glücklicherweise auch von ihrer habgierigen Mutter durch den Tod befreit. Clinia glaubt ihm
nur zu gern und fragt nun, wem der Tross und das Gepäck
gehöre. Da muss Clitipho zu seinem grossen Schrecken
hören, dass Syrus auf eigene Verantwortung seine Geliebte,
die Bacchis, mitgebracht hat, in der Absicht, sie in Chremes'
Haus einzuschmuggeln unter dem Vorwand, sie sei Clinia's
Geliebte. Antiphila soll unterdessen als Magd der Bacchis
gelten und zu Chremes' Frau, Sostrata, gebracht werden.
Bei dieser Gelegenheit hofft Syrus auch die 10 Minen, die
Bacchis von Clitipho zu fordern hat, auf irgend welche
Weise zu erschwindeln. Nach einigem Zögern willigt Clitipho

in dieses Wagestück ein, zumal da ihm Clinia seine Hilfe dabei verspricht. Syrus schärft ihnen noch einmal ein, ja recht vorsichtig zu sein und erlaubt aus demselben Grunde auch dem Clitipho nicht, sein Mädchen zu umarmen, als sie ankommt, sondern schickt ihn fort.

Scene 4. Die beiden Frauen kommen an, und Bacchis, die seit längerer Zeit zum ersten Male wieder mit einem anständigen Mädchen zusammen gekommen ist, fühlt ein wenig Reue über ihren Lebenswandel, schiebt aber die Schuld daran auf die Männer. Es findet darauf ein freudiges Wiedersehen zwischen Clinia und Antiphila statt, was eigentlich unkonsequent ist, da Syrus ihnen ebensowenig wie dem andern Paare gestatten durfte, sich in der Öffentlichkeit zu umarmen, weil dadurch gleichfalls das Geheimnis gefährdet wäre.

Akt III.

Scene 1. Chremes teilt nun doch, seinem Versprechen zuwider, dem Menedemus mit, dass sein Sohn zurückgekehrt sei. Dieser will sofort zu ihm eilen, aber Chremes rät davon ab, ihm so unklug seine übergrosse Liebe zu verraten. Denn erstens sei seine Geliebte (Chremes denkt natürlich an die Bacchis, die, wie wir hierbei erfahren, in der Zwischenzeit sein ganzes Haus auf den Kopf gestellt hat), die früher sehr einfach gewesen sei, jetzt erstaunlich verschwenderisch geworden, und zweitens liege Gefahr vor, wenn er seinem Sohne soviel Nachgiebigkeit zeige, dass dieser sie bald missbrauchen werde. Diese Gründe leuchten Menedemus ein, und so legt er die ganze Angelegenheit in die Hände des freundlichen Nachbarn. Dieser rät ihm, wenn er seinem Sohne Geld zukommen lassen wolle, dies nur durch dritte Hand zu tun, zum Beispiel möge er es sich von Syrus ablocken lassen, der, wie er gemerkt hätte, mit diesem Plane bereits umgehe. Menedemus ist mit allem zufrieden und bittet nur beim Abgehen, die Angelegenheit zu beschleunigen, damit er seinen Clinia möglichst bald in seine Arme schliessen könne.

Scene 2. Syrus kommt jetzt aus dem Hause, den Kopf voll von Plänen, wie er das verlangte Geld für Bacchis herbeischaffen soll. Doch bald hat er seinen Entschluss gefasst und ruft scherzend und siegesgewiss aus: „Hac illac circumcursa; inueniundumst tamen argentum" (v. 512). Chremes tritt herbei und Syrus fürchtet, er möge sein Selbstgespräch gehört haben, doch dieser lässt sich nichts merken. Um ihn sicher zu machen und um die Geldangelegenheit zu ordnen, schilt er auf Clinia's Sklaven Dromo, der seinem Herren so wenig behilflich sei; denn um dieses guten Zweckes willen sei es recht wohl erlaubt, den „alten Geizhals" einmal zu betrügen. Syrus fällt darauf herein, und in seinem Vergnügen, seinen Herrn so nach Wunsch reden zu hören, hat er sogar die Frechheit, ihm zu sagen, dass er auch gegebenen Falles dem Clitipho in gleicher Weise in einer Liebesaffäre gegen seinen Vater dienen werde. Eine solche Möglichkeit hält freilich Chremes für ausgeschlossen und befiehlt dem Sklaven direkt, dem jungen Clinia von Menedemus Geld für seine „Amica" zu erschwindeln.

Scene 3. In diesem Augenblick öffnet sich die Haustür und der erstaunte Chremes sieht seinen eigenen Sohn Clitipho in einer überraschend vertraulichen Stellung mit der Bacchis, der angeblichen Geliebten des Clinia. Darüber macht der Greis seinem lockeren Sohne energische Vorstellungen, zumal da er beim gestrigen Mahlé sich ähnliche Freiheiten erlaubt hat. Nun ist er erstens entrüstet über die dem Gastfreunde Clinia zugefügte Kränkung und zweitens fürchtet er, Streitigkeiten möchten unter den jungen Leuten entstehen. Deshalb soll Clitipho für einige Zeit den beiden aus dem Wege gehen und das Haus meiden, und Syrus, der bereis eine Entdeckung gefürchtet hat, ergreift diese Idee zum grossen Ärger seines jungen Herrn und Zöglings und dringt eifrig darauf, dass er sich entferne, um weiteren Unvorsichtigkeiten vorzubeugen. Als Clitipho abgegangen ist, fragt Chremes den alten Pädagogen, was für eine List er sich denn wegen des Geldes ausgesonnen habe, worauf dieser ihm folgendes Lügenmärchen auftischt: Bacchis habe einmal in Corinth einem alten Weibe 1000 Drachmen vorgestreckt, und da diese gestorben sei, so sei ihr deren Tochter, eben die Antiphila, die jetzt bei Chremes' Frau Sostrata weilt, als Pfand geblieben. Nun wünsche sie aber dringend, ihr Geld zurückzuerhalten, und deshalb liege sie dem Clinia beständig in den Ohren, er solle ihr das Geld geben und dafür das Mädchen nehmen. Deshalb wolle nun er, Syrus, zu Menedemus gehen und ihm vorschwindeln, die Antiphila sei ein Kind reicher Eltern, das man aus Carien geraubt habe, und wenn er sie kaufe (für 10 Minen), so könne er bei ihrer Auslösung ein schönes Geschäft machen. Aber Chremes sagt ihm sofort, dass sich der vorsichtige Mene-demus nie darauf einlassen werde. In diesem Augenblick werden sie von Sostrata gestört, die mit einer Magd aus dem Hause kommt.

Akt IV.

Scene 1. Aus dem Gespräch der beiden Frauen er-fahren wir folgende Geschichte: Sostrata hat vor langer Zeit einmal ein Mädchen geboren, das sie auf Chremes Geheiss töten sollte. Anstatt dies zu tun, hat sie es einer alten Frau in Corinth übergeben, um es auszusetzen, und dem Kinde aus abergläubischen Gründen einen Ring angesteckt. Zu ihrem grossen Erstaunen hat sie jetzt diesen selben Ring bei Antiphila entdeckt und erzählt nun reumütig ihren Gatten, wie ungehorsam sie seiner Zeit gewesen sei. Dieser zeigt sich als braver Gatte und ist nach einigen Strafworten rasch versöhnt, und da seine pekuniären Verhältnisse sich seitdem wesentlich verbessert haben, so wäre ihm jetzt eine Tochter nicht mehr so unangenehm wie damals. Er geht deshalb zu dem Mädchen, um es auszufragen, woher es den Ring habe. Syrus aber, der den Namen der alten Frau gehört hat, weiss sofort, dass Antiphila in der Tat die Tochter seines Herrn ist, und fürchtet daraus unangenehme Folgen für seinen jungen Herrn und sich.

Scene 2. Syrus, allein gelassen, sieht seine Hoffnung schwinden, Geld mit der Antiphila in der geplanten Weise zu erschwindeln, obwohl die Angelegenheit sehr drängt. Doch bald hat er schon wieder eine neue List ausgeheckt und ruft übermütig aus (v. 678):

„Retraham hercle opinor idem illud ad me fugitiuom
argentum tamen."

Scene 3. Clinia kommt jetzt glückstrahlend aus dem Hause: Antiphila ist als Tochter des Chremes erkannt worden, und nun steht ihrer Verbindung nichts mehr im Wege. Aber Syrus macht ihn darauf aufmerksam, dass man Clitipho nicht im Stich lassen dürfe. Er solle deshalb Bacchis hinüber zu seinem Vater führen und ihm die ganze Wahrheit sagen. Menedemus könne das dem Chremes dann ruhig wieder erzählen, er, Syrus, wolle diesem schon derartig Sand in die Augen streuen, dass er kein Wort von alledem glaube. Clinia hat keine rechte Lust dazu, da das seiner Heirat hinderlich sein muss, aber der verschmitzte Sklave meint, er brauche nur so lange zu warten, bis er das Geld habe. Daraufhin willigt denn Clinia ein.

Scene 4. Jetzt macht wieder Bacchis Schwierigkeiten: sie ist voller Zorn, dass sie das ihr versprochene Geld noch nicht erhalten hat, und droht Syrus, aus Rache zu einem in sie verliebten Söldnerführer (miles) zu gehen. Syrus kann sie nur zurückhalten, indem er in seiner Angst sagt, das Geld liege schon abgezählt bereit, wodurch er sich natürlich nur noch in grössere Schwierigkeiten bringt. Dann teilt er ihr mit, dass sie mit ihrem Gefolge in das Haus des Menedemus überzusiedeln habe, was auch geschieht.

Scene 5. Wieder kommt Chremes heraus und fragt den alten Pädagogen, wie weit die Angelegenheit mit Menedemus gediehen sei, und dieser erzählt ihm, dass Clinia, um die Bacchis ohne Schwierigkeiten bei seinem Vater unterbringen zu können, diesem vorgeschwindelt habe, dies sei die Geliebte des Clitipho, während er selbst sich um Antiphila zu bewerben gedenke. Dies, sagt Syrus, soll geschehen, damit der Alte seinem Sohne Geld und Schmucksachen für seine Braut gebe, und man damit die Bacchis befriedigen könne. Um das zu erleichtern, solle Chremes scheinbar die Antiphila mit ihm verloben. Aber davon will Chremes nichts wissen, und so bleibt Syrus nichts anderes übrig, als von ihm selbst das Geld für die Loskaufung seiner Tochter zu verlangen, und zwar solle Clitipho die Sache regeln, damit Menedemus keinen Argwohn schöpfe. Chremes willigt ein und geht zurück ins Haus, um das Geld zu holen.

Scene 6. Clitipho kommt gerade müde und verdriesslich von seinem Spaziergang zurück und überschüttet seinen alten Lehrer mit Vorwürfen wegen des niederträchtigen Streiches, den er ihm gespielt hat, um ihn vom Hause zu entfernen. Doch Syrus versöhnt ihn sofort, indem er sagt, Chremes wolle das Geld selber hergeben, doch hat er keine Zeit mehr, ihn selbst näher hierüber zu unterrichten, denn schon kommt Chremes wieder heraus; doch mahnt er ihn zur Vorsicht.

Scene 7. Clitipho empfängt nun das Geld und Syrus schafft ihn sobald als möglich bei Seite. Der Greis berechnet jetzt als sparsamer Hausvater, wie viel ihn seine Tochter schon gekostet habe, und was sie ihn noch kosten werde.

Scene 8. Menedemus, ganz glücklich über den wiedergewonnenen Sohn, kommt jetzt zu seinem alten Freunde, um ihn für Clinia um die Hand seiner Tochter zu bitten. Zu seiner schmerzlichen Überraschung muss er aber hören, dass dies alles nur Täuschung gewesen sei, um ihm Geld abzulocken. Traurig schlägt der arme Vater vor, den Betrug aufrecht zu erhalten, um den raschen Sohn nicht wieder zu verletzen und womöglich von neuem zu verjagen, und Chremes erklärt sich nun bereit dazu, ihm seine Tochter scheinbar anzuverloben, da auch er hofft, den missratenen

Sohn durch kluge Nachgiebigkeit am ehesten zur Pflicht zurückzuführen.

Akt V.

Scene 1. Doch bald hat Menedemus den wahren Sachverhalt erfahren und teilt dies ziemlich schadenfroh seinem Freunde mit, der zwar stets Rat für andere, aber nicht für sich selbst wisse. Dieser will nichts davon glauben, muss aber doch schliesslich die Wahrheit einsehen, als ihm der andere erzählt, er habe gesehen, wie Clitipho und Bacchis sich in einem Kämmerchen eingeschlossen hätten, ohne dass Clinia Miene gemacht habe, das zu verhindern. Nun kann natürlich kein Zweifel mehr herrschen, dass Bacchis des Clitipho Geliebte und Chremes der Betrogene ist. Er ist ausser sich vor Zorn darüber, und Menedemus sucht ihn zu trösten, indem er ihm etwas malitiös denselben Rat gibt, den er vorher von ihm empfangen hatte, nämlich den Sohn weder zu sanft noch zu strenge zu behandeln, damit er nicht etwa auch davonlaufe. Die Werbung des Clinia nimmt Chremes jetzt gern an, bittet aber seinen Freund, seinem leichtsinnigen Sohne Clitipho zu sagen, er habe ihn enterbt. Er tut dies, um ihm einen heilsamen Schreck einzujagen.[1]) Menedemus verspricht das, und Chremes macht seinem Unwillen noch Luft in Verwünschungen gegen den bösen Syrus, der ihn so schmählich zum Narren gehalten hat.

Scene 2. Clitipho ist von Menedemus benachrichtigt worden, was ihm bevorsteht, und kommt jammernd zu seinen Vater, um ihn zu fragen, ob das sein Ernst sei. Dieser erklärt kühl und gelassen, er müsse aus seinem Betragen schliessen, dass Geld und Gut in seiner Hand nicht gut aufgehoben sei, und deshalb wolle er es lieber seiner Tochter geben. Syrus will sich hineinmischen, wird aber mit eiskalten Worten abgefertigt. Dann verlässt der erzürnte

---

1) Martin Schanz, in seiner „Geschichte der römischen Literatur" Band I, 2. Auflage, München 1898, p. 80 sagt, Chremes habe wirklich beabsichtigt, seinen Sohn zur Strafe zu enterben.

Vater die beiden, die sich gar nicht vorstellen können, dass ein so kleiner Fehltritt den Vater zu derartiger Härte veranlasst habe. Syrus verfällt deshalb auf die Idee, Clitipho sei am Ende gar nicht Chremes' rechtmässiges Kind, und nun, wo er eine echte Tochter gefunden habe, ergreife er die erste beste Gelegenheit, um ihn auf die Strasse zu setzen. Dies stimmt Clitipho noch mehr herab, und Syrus rät ihm, seine Eltern selbst über diesen Punkt zu befragen, indem er berechnet, je hoffnungsloser und demütiger der Jüngling sei, um so eher werde er Gnade finden.

Scene 3. Das Mutterherz ist bereits erweicht, und so überschüttet Sostrata schon ihren Gatten mit Vorwürfen über seine Härte, was der sehr gelassen anhört.

Scene 4. Mit toternstem Gesicht kommt jetzt auch ihr Sohn herbei und beschwört seine Mutter, ihm seine wahren Eltern zu nennen. Jammernd will ihm diese eine so schreckliche Idee ausreden, doch er bleibt bei seinem Argwohn. Chremes greift nun ein, indem er sagt, darüber brauche er keinen Zweifel zu hegen, und eine energische kleine Rede anknüpft, die grossen Eindruck auf dem ausschweifenden Sohne macht, sodass er aufrichtige Reue zeigt.

Scene 5. Menedemus kommt nun herbei und sucht zu vermitteln. Schliesslich gibt Chremes den gemeinsamen Bitten der drei nach, doch nur unter der Bedingung, dass Clitipho heirate, um in gute Zucht zu kommen. Nach einigem Zögern und Seufzen willigt der Sohn ein, und man einigt sich auch bald über die Wahl des Mädchens. Endlich lässt sich noch Chremes auf seines Sohnes Bitte herbei, dem ränkevollen Syrus zu verzeihen. So endigt alles versöhnlich und wir müssen annehmen, dass Bacchis zufrieden mit dem gewonnenen Gelde abzieht und zu ihrem alten Gewerbe in Corinth zurückkehrt, obwohl Terenz das nicht ausdrücklich berichtet.

Dass es wirklich dieses Stück ist, das Chapman als Quelle für seine Komödie diente, steht ausser Zweifel, wie man aus den folgenden Ausführungen ersehen wird.[1]) Doch ist die Art und Weise der Quellenbenutzung eine ausserordentlich freie, sodass man sich nicht vorstellen darf, Chapman habe etwa den Terenz aufgeschlagen auf dem Schreibtisch gehabt, als er sein Stück dichtete, sondern mir scheint es, als sei ihm die Komödie nur aus seiner Schul- oder Universitätszeit im Gedächtnis gewesen, und da ihm die Verwicklung gefiel, sei in späteren Jahren der Wunsch in ihm aufgestiegen, Einzelheiten daraus in einem eigenen Stücke ähnlich zu verwenden. Denn eigentlich hat er nur das Motiv von den jungen Leuten aufgegriffen, die in Verlegenheit sind, was sie mit der Buhlerin anfangen sollen, und die die Wahrheit immer verhüllen, indem sie sie bald in dem einen, bald in dem andern Hause unterbringen und ihren Vätern etwas vorlügen. Das ist allerdings das Hauptmotiv des terenzischen Stückes, aus dem sich alles Andere ergibt. Von den Nebenmotiven hat Chapman nur das des Chremes, der allen anderen gute Ratschläge geben will und schliesslich selbst der Betrogene ist, herübergenommen. Akt 1 und 2 hat er überhaupt gestrichen, nur dass er die in der 3. Scene des 2. Aktes enthaltene Schürzung des Knotens natürlicherweise beibehält, wenn auch in vollständig umgeänderter Weise. Mit dem 3. Akt setzt der Elisabethische Dichter erst ein, lässt aber in den folgenden das ganze Geldmotiv, das bei Terenz viel zur Erhöhung der komischen Situationen und zur Motivierung der Verwickelungen beiträgt, fort. Ebenso lässt er das Motiv der wiedergefundenen Tochter aus, weshalb auch die Figur der Sostrata keinen Platz in seinem Stücke findet. Es werden infolgedessen noch folgende Scenen des „Heautontimorumenos" gänzlich

---

1) Ob Chapman die 1598 erschienene Übersetzung des Terenz in's Englische für seinen Zweck heranzog, kann ich nicht entscheiden, da ich dieses Werk nicht habe einsehen können. Es ist aber bei dem gelehrten Chapman nicht wahrscheinlich.

unberücksichtigt gelassen: III, 2; IV, 1, 2, 4, 6, 7; V, 2, 3, 4, 5, also bei weitem der grössere Teil des Stückes. Um die hierdurch entstandenen Lücken zu füllen, führt Chapman eine Nebenhandlung ein, die des grundlos eifersüchtigen Ehegatten, die ich nach dem Namen des Trägers dieser Handlung der Einfachheit halber das Corneliomotiv nennen will. Dies möge zur einstweiligen Orientierung genügen; über die Einzelheiten und die Art und Weise der Verschmelzung der beiden Handlungen wird im Laufe der Besprechung noch weiter die Rede sein, zu der wir uns nunmehr wenden. [1])

---

[1]) Bei den folgenden Ausführungen lege ich die am leichtesten zugängliche Ausgabe der Werke Chapman's von Richard Herne Shepherd, London 1889, zu Grunde, wo sich das Stück im 1. Bande an dritter Stelle findet. —

Wo ich dabei auf fremden Schultern stehe, ist dies stets im Text oder in den Fussnoten sorgfältig angegeben.

All Fools.[1])

Das Stück wurde durch ein beigefügtes Sonett dem Gönner und Freunde Chapman's, Sir Thomas Walsingham, Knight, dediziert. Diese Dedikation illustriert vortrefflich die literarischen Zustände jener Zeit, und deshalb möge hier ein Wort darüber gesagt sein. Clapman äussert sich nämlich, dass er entweder vor Sir Walsingham eitel erscheinen müsse, wenn er ihn mit einem so geringen Machwerk belästige, oder er sei vor Raubausgaben nicht sicher, wogegen ihn Walsingham's Einfluss schützen soll. (Lest by other's stealth it be imprest without my passport, patch'd with others' wit.) Der Ton dieses Sonetts ist ausserordentlich demütig, der Dichter nennt sein Werk direkt „the least allowed birth of my shaken brain". Das war zwar damals nichts Seltenes,[2]) doch kann es sich hier nicht um ein

---

1) Zur Erklärung des Titels zitiere ich eine Stelle aus Henry Morley in dem schon erwähnten Werke, vol. XI, p. 299: „The name of »All Fools« has reference to the fact that by a series of amusing scenes all the characters are brought into such positions as we associate with the first of April".

2) Vergl. Thomas Warton, History of English Poetry, London 1871, IV, p. 319, der über derartige Dedikationen folgendes sagt: „It was now a common practise, by these unpoetical and empty panegyrics, to attempt to conciliate the attention, and secure the protection, of the great, without which it was supposed to be impossible for any poem to struggle into celebrity. Habits of submission, and the notions of subordination, now prevailed in a high degree, and men looked up to peers, on whose smiles or frowns they believed all sublunary good and evil to depend, with a reverential awe.

blosses Mitmachen einer Mode handeln, denn Walsingham gegenüber, den der Dichter „my long loved friend" nennt, wäre das nicht notwendig gewesen, sondern ich meine, wir müssen hierin wirklich das Gefühl des Zweifels an dem Wert des eigenen Werkes sehen. Wir können daraus schliessen, dass die den „All Fools" vorausgehenden Stücke „The Blind Beggar of Alexandria" und „An Humorous Day's Mirth" keinen allzugrossen Erfolg gehabt haben, worauf auch der demütige und dabei etwas verbitterte Ton des Prologs hindeutet. Deshalb sagt er auch im Folgenden ausdrücklich: „Though my old fortune keep me still obscure". Damals war ja seine Homerübersetzung, die seinen Ruhm dauernd in der englischen Literaturgeschichte begründete, eben erst erschienen (1598) und wahrscheinlich noch wenig bekannt bei der damaligen langsamen Verbreitung der Bücher, sodass er selbst zu seinen Werken noch wenig Zutrauen hatte, denn wo sich später Dedikationen zu seinem Stücke finden (stets in Prosa), redet er durchaus in dichterischem Selbstbewusstsein. Für die obige Ansicht spricht auch, dass das Sonett sehr bald unterdrückt wurde.[1]

Wir müssen allerdings dabei annehmen, dass die Dedikation nicht erst bei dem ersten Druck des Stückes (1605) entstand, sondern schon 1598 oder 99, denn es ist ja recht wohl möglich, dass Ch. seinem Freunde das Werk schon im Manuskripte dedizierte. Die Besorgnis vor Raubdrucken spricht nicht dagegen, sondern eher dafür, denn gewöhnlich wurden diese Ausgaben auf Fassungen gegründet, die bei der Aufführung des Stückes (1599), meist sehr mangelhaft, nachgeschrieben wurden. Auch sonst scheint sich Chapman in sehr niedergeschlagener Stimmung befunden zu haben, denn er sagt von sich, er sei „drowned in dark death-ushering melancholy". Ferner mag hier noch auf eine biographische

---

1) Vergl. A. H. Bullen in seinem Chapman-Artikel in dem „Dictionary of National Biography", ed. by Leslie Stephen and Sidney Lee, vol. X, p. 50ᵃ: ... sonnet to Sir Thomas Walsingham (which was almost immediately withdrawn, and is found in very few copies) ...

Notiz hingewiesen werden, die beweist, dass Chapman bereits in sehr vorgerücktem Alter seine dramatische Tätigkeit begonnen hat, denn er nennt sich „being marked with age for aims of greater weight“.[1])

Der darauf folgende Prolog ist eine eigentümliche Mischung von kriechender, abstossender Schmeichelei, mit der das Publikum überschüttet wird, und von grosser Bitterkeit, was beides meine obigen Ausführungen stützt. In ausserordentlich gewundener, schwer verständlicher Ausdrucksweise spricht der Dichter von den seltsamen Geschicken der Bühnenwerke, die manchmal aus ganz kleinlichen Anlässen durchfielen, woran er die übliche captatio benevolentiae anknüpft. Wenn wir diesen Prolog mit dem des „Heautontimorumenos“ vergleichen, so können wir nicht bestimmt behaupten, dass er davon beeinflusst sei, obwohl vielfach ähnliche Gedanken vorkommen: das ist auf die übliche Absicht solcher Prologe zurückzuführen. Beide schmeicheln dem Publikum, indem sie es auf den Wert ihres Urteils und Beifalls aufmerksam machen. Der Lateiner drückt dies mit den einfachen Worten aus:

„Arbitrium uostrum, uostra existimatio ualebit.“ (v. 25)

Chapman dagegen trägt die Farben sehr dick auf, wenn er sein Publikum anredet:

„For without your applause, wretched is he
That undertakes the Stage; and he's more blest,
That with your glorious favours can contest.“

Ferner: „. . . our poor dooms, alas you know are nothing
To your inspired censure; ever we
Must needs submit.“ —

---

1) Chapman's Geburtsjahr wird gewöhnlich um 1557—1559 angesetzt. Sein erstes Stück ist 1598 gedruckt, und im selben oder folgenden Jahre entstand unser Stück. Vergl. dazu auch Robert Chambers: „Cyclopaedia of English Literature“, Artikel Chapman; Bullen a. a. O. p. 47 ff. und J. Payne Collier „The History of English Dramatic Poetry & c.“, London 1879, vol. III, p. 74, Note 1.

Ebenso schmeichelhaft schliesst er auch den Prolog mit dem Verspaar:

„How we shall then appear, we must refer
To magic of your dooms, that never err."

Die Worte „ . . . for if our other audience see you on the stage depart before we end . . ." enthalten eine versteckte Klage über die jungen, auf der Bühne sitzenden Edelleute, die gelegentlich lärmend das Theater räumten, um damit ihr Missfallen kund zu geben. Vielleicht waren derartige unliebsame Störungen bei seinen beiden ersten Stücken vorgekommen. Jedoch weiss auch dies der geschickte Engländer zu einem Kompliment umzugestalten, indem er fortfährt:

„ . . . Our wits go with you all, and we are fools."

Der klassische Dichter dagegen beklagt sich einfach über den üblichen Lärm im Zuschauerraum, wenn er das Publikum bittet: „date potestatem mihi, statariam agere ut liceat per silentium," war es ihm doch bisweilen passiert, dass das Publikum während der Vorstellung davon lief, wie er uns selbst in seinen Prologen zu „Phormio" & „Hecyra" erzählt. Im übrigen konnte Chapman nichts von dem terentianischen Prologe gebrauchen, da er über literarische Fehden seiner Zeit und Tagesklatsch handelt. Der Angriff auf die „quick Venerian jests" war wohl auch bei Chapman auf bestimmte Dichter seiner Zeit gemünzt. Sehr ironisch und bitter klingen die Verse:

„Who can show cause why your wits, that in aim
At higher objects, scorn to compose plays;
(Though we are sure they could, would they
vouchsafe it)
Should (without means to make) judge better far,
Than those that make; and yet ye see they can." [1])

---

[1]) Andere Stellen, wo der Dichter dem Publikum bittere Vorwürfe macht, bespricht Alg. Charles Swinburne in seinem erwähnten Essay on Chapman, p. XIII.

An einer andern Stelle beklagt er sich, dass das Publikum immer gepfefferte, satirische Stücke sehen wolle, und behauptet, in seinem Stücke „merely comical and harmless jests" zu bringen, aber man wird finden, wie schon Ulrici[1]) betont, dass er dies Versprechen nicht hält. Eine andere Stelle bereitet Schwierigkeit, wo er sagt:

„Who can show cause why th' ancient Comic vein
Of Eupolis and Cratinus (now revived,
Subject to personal application)
Should be exploded by some bitter spleens?"

Von einem Wiederaufleben der Komödien des Eupolis und Kratinos durch den Humanismus kann natürlich keine Rede sein, da bekanntlich von den Werken dieser beiden Dichter nur geringe Fragmente erhalten sind. Ich möchte die Stelle so deuten, dass mit der „ancient comic vein of Eupolis and Cratinus" einfach die Komödienliteratur, die Plautus und Terenz nachahmte, gemeint ist. Auch in dem obenerwähnten Epigramm Freeman's wird von Chapman gerühmt, dass er die Höhe der „ancient comic vein" erreicht habe, was sich augenscheinlich an diese Stelle anlehnt. Weshalb nun Chapman Eupolis und Kratinos als Vertreter der klassischen Tragödie anführt, ist allerdings weniger klar. Aus dem Prolog des „Heautontimorumenos" wusste er, dass Terenz sowohl wie Plautus nur die 3. attische Komödie[2]) ausschrieb, und da hier Terenz seinen Gewährsmann (Menander) nicht nennt, so setzte Chapman statt der wohlbekannten Dichter Terenz und Plautus Eupolis und Kratinos ein, augenscheinlich um etwas mit seiner Gelehrsamkeit zu prunken. Dabei weiss er aber nicht, dass diese beiden Dichter der ersten attischen Komödie angehörten, deren Stücke in einem ganz anderen Genre geschrieben waren, das nie im Elisabethanischen Zeitalter nachgeahmt

---

1) Hermann Ulrici „Shakespeare's Dramatische Kunst", Leipzig 1868, I, p. 320.

2) Dass Plantus vielleicht auch die 2. attische Komödie nachahmte, braucht uns hier nicht zu beschäftigen.

wurde. Dieser Fehler konnte ihm um so leichter passieren, als, wie gesagt, die Werke der beiden Dichter nicht erhalten sind. Ihre Namen kannte er vermutlich aus Horaz, wo in der bekannten Satire I, 4, v. 1 ff. diese beiden als Vertreter der attischen Komödie genannt sind, oder aus Ben Jonson's Induction to „Every Man out of his Humour", der natürlich auch wieder auf Horaz zurückgeht.[1]) Das „exploded" kann sich auch nicht auf Eupolis und Kratinos beziehen, zum wenigsten habe ich keine Stelle in der klassischen Literatur entdecken können, die ihn zu dieser Bemerkung veranlasst haben könnte, was mir auch Autoritäten auf diesem Gebiet bestätigt haben. In der ersten Parabase der 'Ιππης des Aristophanes werden allerdings Misserfolge des Kratinos erwähnt, doch würde das Chapman nicht zu einer derartigen Äusserung berechtigen. So bleibt nur noch übrig, dass irgend eines dieser dem Terenz oder Plautus nachgebildeten Stücke zu Chapman's Zeit ausgepfiffen wurde; welches, entzieht sich allerdings meiner Kenntnis. Diese Lust, mit der gelehrten Bildung zu prunken, war ja damals zeitgemäss, und so fröhnt auch Chapman in seinem Prologe noch einmal dieser Schwäche, indem er ziemlich unmotiviert das Zitat einfügt:

„Auriculas asini quis non habet?"

Diese Stelle stammt aus der ersten Satire des Persius, v. 121.[2]) Auch sonst streut Chapman gelegentlich in sein Stück lateinische Brocken ein, wenn auch nie so häufig und gezwungen, wie Lyly und Jonson, unter deren Einfluss er, wie wir noch sehen werden, offenbar gestanden hat.

---

1) „The Works of Ben Jonson" by William Gifford, neu herausgegeben von Cunningham, London, o. J., vol. I, p. 96 b. — Ausserdem sind die beiden Dichter noch zusammen erwähnt: Velleius I, 16, 3; Quinctilianus X, 1, 66; Persius I, 123.

2) Die betreffende Scholie bemerkt dazu: „Persius sic scripsit : auriculas asini Mida rex habet, sed Cornutus . . . hoc mutavit . . . veritus, ne Nero in se dictum putaret." Ich erwähne dies, weil man in modernen Ausgaben des Persius die Stelle gewöhnlich danach rekonstruiert hat.

Es bleibt mir nun noch übrig, bevor wir mit dem ersten Akt beginnen, eine in unserem Stück nicht vorhandene Sceneneinteilung herzustellen, was der Übersichtlichkeit halber dringend geboten ist.

Leider ist dies bei unserem Stücke erschwert. Während sonst in Chapman's Stücken tatsächlich Sceneneinteilung vorhanden ist, wenn sie auch nicht im Druck besonders bemerkt wird, so hat er hier die Marotte, keinen Scenenwechsel eintreten zu lassen, augenscheinlich, weil er dies bei Terenz vorfand. Vielleicht kannte er auch die Forderung der drei Einheiten, von denen er aber sicher die der Handlung nicht innehält. Ich sagte Marotte, weil der Sinn des Stückes verschiedene Male durchaus Scenenwechsel verlangt, denn bald spielt es vor oder in Gostanzo's Haus, bald in dem Cornelio's, und bald in der Schenke. Nichtsdestoweniger sucht Chapman den Scenenwechsel zu unterdrücken. Ein Beispiel möge dafür genügen: im zweiten Akt befinden wir uns zunächst in Gostanzo's Haus, dann sehen wir Cornelio und seine Frau in einem häuslichen Zwist, den sie unmöglich in Gostanzo's Haus erledigen könnten, oder wenn man selbst das zulässt, so können die folgenden Scenen nur in einer Schenke stattfinden, denn Valerio erzählt von einem Abenteuer, das ihm unterwegs passiert ist. Dennoch lässt Chapman die Personen, die im Hause Gostanzo's gehandelt haben, noch eine Weile auf der Bühne bleiben, als Cornelio und seine Frau auftreten, und als diese Scene zu Ende ist, lässt er Cornelio sagen (p. 59 a): „See, my brave comrades", worauf die Wirtshausscene einsetzt und Cornelio zurücktritt, um nach geraumer Zeit ganz unmotiviert wieder hervorzutreten und sich an der Unterhaltung zu beteiligen.

Es bleibt mir daher nichts andres übrig, als eine zwar mechanische, aber für die Übersichtlichkeit unserer Besprechung notwendige Sceneneinteilung einzusetzen, nämlich überall da einen Absatz zu machen, wo eine neue Person eintritt. Dabei behalte ich mir vor, gelegentlich einige

Scenen zusammenzufassen, weil sie sonst gar zu kurz sein würden, und wenn es der Inhalt nahe legt. Es würde sich demnach folgendes Schema ergeben:

					p.	
Akt I, Sc.	1	bis	Enter	Gratiana	p.	49a
„	2	„	„	Gostanzo	„	49b
„	3	„	„	Marc Antonio	„	50b
„	4	„	Rinaldo comes forth		„	52a
„	5	„	Enter Gazetta e. cet.		„	52b
„	6	„	„	Cornelio	„	53a
„	7	„	„	Valerio u. Fortunio	„	53b
„	8	„	„	Rinaldo	„	54a
„	9	„	Schluss des Aktes		„	54b
Akt II, Sc.	1	bis	Enter	Valerio	p.	55a
„	2	„	„	Fortunio u. a.	„	56a
„	3	„	„	Valerio, Bellanora	„	56b
„	4	„	„	Valerio & Rinaldo	„	57b
„	5	„	„	Gazetta, Cornelio	„	58a
„	6	„	„	Dariotto u. a.	„	59a
„	7	„	„	Rinaldo	„	60b
„	8	„	Schluss des Aktes		„	60b
Akt III, Sc.	1	bis	Enter	Valerio	p.	61a
„	2	„	„	Rinaldo	„	61a
„	3	„	„	Claudio	„	62b
„	4	„	„	Cornelio u. a.	„	62b
„	5	„	„	Dariotto	„	64a
„	6	„	„	Rinaldo	„	64b
„	7	„	„	Cornelio	„	65a
„	8	„	„	Page u. Pock	„	65b
„	9	„	Schluss des Aktes		„	66b
Akt IV, Sc.	1	bis	Intrant Rinaldo u. a.		p.	67b
„	2	„	Enter Cornelio u. a.		„	69b
„	3	„	„	Valerio, Rinaldo	„	69b
„	4	„	Schluss des Aktes		„	71b

Akt V, Sc. 1 bis Enter Cornelio   p. 72 a

„ 2 „   „ Valerio u. a.   „ 72 b

„ 3 „   „ Dariotto   „ 72 b

„ 4 „   „ Drawer   „ 73 a

„ 5 „   „ Gostanzo, Rinaldo   „ 73 b

„ 6 „   „ Cornelio   „ 73 b

„ 7 „   „ Marc Antonio   „ 74 a

„ 8 „ Schluss des Aktes   „ 76 b

Akt I.

Der Ort der Handlung in unserem Stücke lässt sich nicht ohne weiteres bestimmen. Dass es wie die meisten Lustspiele der Elisabethanischen Zeit in Italien spielt, geht aus 60 b hervor (Foot, will you hear the worst voice in Italy?) und wahrscheinlich denkt Chapman an Florenz, das zweimal genannt wird: as any notary in Florence p. 70 b, und as any she in Florence p. 75 a. Daneben wird freilich der Rialto erwähnt, womit er wohl an Verkaufsbuden auf dieser Brücke denkt (that there is not in the whole Rialto but one new fashion'd waistcoat p. 72 b), was also auf Venedig deutet. Endlich wird noch Padua genannt (You have a younger sun at Padua p. 51 b), aber dies könnte man sich so vorstellen, dass Rinaldo in Padua zwar studiert, zur Zeit aber zu Hause weilt. Dabei ist die ganze Handlung so angelegt, dass sie wie bei Terenz auf dem Lande spielen muss (Gostanzo und Marc Antonio sind Landedelleute, Cornelio Pächter), ein ander Mal erzählt aber Valerio von einer Rauferei auf dem Marktplatz, die er unterwegs gehabt hat. Man sieht also, Chapman ignoriert die Frage der Scenerie vollständig, die ja bei den damaligen Bühnenverhältnissen keine grosse Rolle spielte.

Scene 1 und 2.

In der ersten Scene sehen wir Fortunio und seinen jüngeren Bruder Rinaldo, einem Studenten (scholar) mit

ihrem gemeinsamen Freunde Valerio im Gespräch, aus dem
hervorgeht, dass Valerio und Fortunio sich heimlich ohne
Wissen ihrer Väter verheiratet haben, Valerio mit einer armen
Dame, genannt Gratiana, Fortunio aber mit Valerio's
Schwester Bellanora. Die Liebe hat jedoch auf die beiden
jungen Leute eine ganz verschiedenartige Wirkung ausgeübt:
während Valerio im Glücke schwelgt, ist Fortunio sehr
niedergeschlagen, da er seine junge Gattin, die im Hause ihres
strengen Vaters Gostanzo weilt, so selten sehen kann. Sein
Bruder Rinaldo verspottet ihn deshalb und schilt auf die
Schwäche, sich so dem „base lord of love, begot of fancy,
and of beauty born" zu ergeben. Fortunio erwidert ihm,
er sei ja selbst einmal verliebt gewesen, worauf dieser, der
anscheinend sehr schlechte Erfahrungen dabei gemacht hat,
eine bittere Schmährede auf das ewig Weibliche hält. Unter
anderem sagt er:

„If one amongst whole hundreds
Chance to be chaste, she is so proud withal,
Wayward and rude, that one of unchaste life
Is oftentimes approved a worthier wife:

— — — — — — — — — — —

Like hounds, most kind, being beaten and abused;
Like wolves, most cruel, being kindliest used!"

Valerio, der bisher schweigend bei ihnen gestanden
hat, ergreift jetzt lebhaft für Fortunio Partei, und singt be-
geistert das Lob der Liebe, zum grossen Erstaunen Rinaldo's,
der seinen Intimus als ziemlich derben, ewig zu allerhand
dummen Streichen aufgelegten Jüngling kennt. Ganz ver-
blüfft meint er, schade, dass ihn sein Vater nicht hören
könne, der ihn für einen fleissigen, sogar etwas beschränkten
Landwirt (husbandman) hält, denn Valerio hat seine Orgien
bisher glücklich vor dem knauserigen Vater zu verheimlichen
gewusst. Diese Stichelei bringt Valerio ziemlich auf, und
er betont ausdrücklich, er sei ein gentleman und kein
Bauer. (Sc. 2.) Da tritt Graziana herein und wird von Valerio mit zärtlichen, sogar gezierten Worten begrüsst und

umarmt. Die grosse Frage ist nun, wo man die junge Frau einstweilen unterbringen könne, ohne dass der Vater etwas merkt.

In dieser Scene werden wir sofort mit der Verwicklung des ganzen Stückes bekannt gemacht. Valerio hat wie Clitipho in dem terentianischem Stücke ein Verhältnis hinter dem Rücken seines Vaters angeknüpft, doch mit dem wichtigen Unterschied, dass seine Geliebte ein anständiges, wenn auch armes Mädchen ist, mit der er sich verheiratet hat, während bei Terenz an etwas Derartiges nicht zu denken ist. Dabei hat Chapman vergessen, irgendwie zu motivieren, warum man in Verlegenheit sei, die junge Frau irgendwo unterzubringen; sie konnte ja einfach da bleiben, wo sie bisher sich aufhielt. Bei Terenz ist dies wenigstens einigermassen begründet. Übrigens gleicht Gratiana der Bacchis nicht im Geringsten, sondern eher der Antiphila, denn sie ist wie diese arm, was das einzige Hindernis der Veröffentlichung der Heirat ist, genau wie bei Terenz. Das Verhältnis von Fortunio zu Bellanora, was nach Koeppel dem von Clinia zu Antiphila entspricht, wird von Chapman so stiefmütterlich behandelt, sodass die Ähnlichkeit nur darin liegen kann, dass, wie bei Terenz, auch bei Chapman noch ein zweites Liebespaar auftritt. Übrigens begreifen wir nicht recht, weshalb Fortunio sich heimlich verheiratet hat, da wir in der Schlussscene erfahren, dass Gostanzo diese Verbindung wünschte, und Fortunios Vater, Marc Antonio, hätte ihm sicher keine Schwierigkeiten in den Weg gelegt. Das ist eine von den Nachlässigkeiten, die bei Chapman häufig begegnen und ihm den Tadel der Flüchtigkeit eingetragen haben.[1] / Veranlasst wurde sie augenscheinlich nur, weil er nach Analogie seiner Quelle durchaus zwei heimliche Liebespaare haben wollte. Dass die beiden Jünglinge mit einander befreundet sind, war gleichfalls im „Heautontimorumenos" schon belegt. Was sonstige Quellen

---

[1] Diese Flüchtigkeit Chapman's tadelt zum Beispiel Koeppel a. a. O. p. 6, Hooper a. a O. p. 27.

anbetrifft, so ist zu erwähnen, dass die Worte, mit denen
Valerio den spöttelnden Rinaldo abfertigt (p. 48 b): „Rinaldo,
the poor fox that lost his tail, persuaded others also to
loose theirs" der 7. Fabel des Äsop entnommen ist. Er
konnte die Geschichte ja auch irgendwo anders gelesen
haben, doch habe ich sie in keiner der mir bekannten
klassischen und mittelalterlichen Fabelsammlungen gefunden,
obwohl diese zum grössten Teil die äsopischen Fabeln
wiederbringen. Der Gedanke muss dem Dichter augenscheinlich sehr gefallen haben, denn er wiederholt ihn p. 64 a:
„who like the fox, having lost the tail, would persuade others
to lose theirs for company". — Rinaldo sagt ferner, er habe
gelesen, dass man in Ägypten kostbare Tempel habe, in
deren Innern man anstatt schöner Bildsäulen „a painted
fowl, a fury, or a serpent" finde. Genau so verhalte es
sich mit den Frauen, fügt er boshaft hinzu. Vermutlich
schöpfte Chapman diese Kenntnis aus Herodots bekanntem
Geschichtswerk, wo sich Band II, cap. 65—74 eine ausführ-
liche Beschreibung des Tierkultus in Ägypten findet. Kap. 74
handelt speziell von der Verehrung der Schlangen. Freilich
ist in Herodot keine Stelle zu belegen, die genau mit der
Schilderung des Paduaner Studenten übereinstimmt. Sonst
könnte auch Iuvenal, Sat. XV, v. 1--8, wo dieser über den
Tierkultus bei den Ägyptern spottet, als Quelle in Betracht
kommen, doch lässt sich dies aus den dort gebrauchten
Worten ebensowenig beweisen wie bei Herodot. — Endlich
glaubt noch Collier[1]) für eine andere Stelle eine Quelle gefunden zu haben. Valerio preist nämlich, wie oben erwähnt, die Liebe, und zwar mit folgenden schönen Worten,
die schon häufig bewundert worden sind:[2])

„I tell thee Love is Nature's second sun;
Causing a spring of virtues where he shines,

---

1) J. Payne Collier: „The History of English Dramatic Poetry",
London 1879, vol. III, p. 74, Note 1.
2) Z. B. bei Hooper a. a. O. p. 35; Chambers a. a. O., vol. I,
p. 226 a.

And as without the sun, the world's great eye,
All colours, beauties, both of Art and Nature,
Are given in vain to men, so without love
All beauties bred in women are in vain;
All virtues born in men lie buried,
For love informs them as the sun doth colours,
And as the sun, reflecting his warm beams,
Against the earth, begets all fruits and flowers;
So love, fair shining in the inward man,
Brings forth in him the honourable fruits
Of valour, wit, virtue, and haughty thoughts,
Brave resolution, and divine discourse."

Hierzu sagt Collier: „The whole thought and some of the expressions are here borrowed from a madrigal by Andrea Navagero, which is inserted in Domenichi's Collection of »Rime Diverse«, Venice, 1546, beginning —

    „Leggiadre donne che quella belezza,
    Che natura vi diedee cet.""

Leider druckt Collier dies Gedicht nicht ab, sondern gibt nur eine englische Übersetzung davon, und da es mir nicht gelungen ist, den Originaltext zu bekommen, noch über das Gedicht Näheres zu erfahren, so sehe ich mich genötigt, diese Übersetzung hier wieder zu geben:

„Sweet ladies, to whose lovely faces
Nature gives charms, indeed,
If those you would exceed,
And are desirous, too, of inward graces;

Ye must first ope the heart's enclosure,
And give love entrance there:
If not, ye must despair
Of what ye hope, and bear it with composure.

For as the night than day is duller
And what is hid by night
Glitters with morning light
In all the rich variety of colour;

So they whose dark inssensate bosoms
Love lights not, ne'er can know
The virtues thence that grow
Wanting love's beams to open virtue's blossoms."

Es kann freilich nicht geleugnet werden, dass der letzte Vierzeiler des italienischen Madrigals denselben Gedanken enthält, wie die Stelle bei Chapman, aber doch in wesentlich verschiedener Form. Wie weit Ausdrücke in beiden Gedichten gleich sind, kann ich nicht beurteilen, da ich das Original nicht habe einsehen können, in der Übersetzung tritt das aber jedenfalls nicht hervor. Warum sollen zwei Dichter, unabhängig von einander, nicht auf dieselbe Idee kommen, die ja nicht sehr fern liegt? Es kommt hinzu, dass Chapman von dem Rest des Gedichtes gar nichts benutzt, obwohl es sehr gut in seinen Gedankengang passen würde. Ausserdem ist zu beachten, dass, wenn Collier Recht hat, dies nach dem jetzigen Stande der Wissenschaft der einzige Fall wäre, wo Chapman italienische Quellen benutzt.[1]) Wir wissen ja noch nicht einmal, ob Chapman der italienischen Sprache mächtig war, obwohl eine Reihe Dichter der Elisabethanischen Zeit sie beherrschten, denn es muss auffällig erscheinen, dass er, während er es sehr liebt, gelegentlich lateinische und französische Worte[2]) einzustreuen, Sprachen, die er nachweislich gut beherrschte, nie italienische Floskeln gebraucht.[3]) Ich möchte es jedenfalls dahin gestellt sein lassen, ob wirklich hier eine Nachahmung vorliegt, denn Collier hat meiner Ansicht nach nicht Recht, wenn er behauptet, dass es Chapman an den „lighter orna-

---

1) Vergl. Koeppel a. a. O. p 79, der ausdrücklich betont, dass Chapman nie spanische oder italienische Quellen benutzt habe, wie andere Dichter seiner Zeit.

2) Frz. Worte finden sich z. B. p. 57 a.

3) Der Ausdruck Dan Cornuto (= cuckold), der p. 60b vorkommt, spricht nicht dagegen, denn dies Wort war in die englische Literatur bereits lange vorher eingebürgert worden, findet sich beispielsweise bei Shakespeare und Lyly. Ebensowenig die Übersetzung von Petrarchs

ments of fancy" fehle, denn in seinen Gedichten findet sich
manche recht anmutige Stelle, wenn er auch im Grossen
und Ganzen nicht als lyrischer Dichter hervorragt.

Scene 3.

Während die jungen Leute im Gespräch versunken
sind, werden sie plötzlich von dem alten Landedelmann
Gostanzo überrascht und stürzen Hals über Kopf davon.
Das erregt natürlich den Argwohn des misstrauischen Alten,
und er fragt den allein zurückgebliebenen Rinaldo, was das
zu bedeuten habe. Nach einigem Drehen und Wenden, um
einen Ausweg zu ersinnen, was der Dichter sehr geschickt
darstellt, erzählt ihm Rinaldo, sein Bruder Fortunio habe
sich heimlich verheiratet ohne Wissen seines Vaters, und
zwar mit derselben Dame, die Gostanzo soeben gesehen
habe. Der brave, tugendhafte Valerio habe ihm soeben gehörig den Standpunkt klar gemacht, habe sich aber bereit
erklärt, zu Marc Antonio zu gehen und Vergebung für
Fortunio auszuwirken, was dieser schwerlich abschlagen
werde bei seiner milden Denkart. Hastig poltert Gostanzo
heraus:

> „And like enough
> Your silly father too, will put it up;
> An honest knight, but much too much indulgent
> To his presuming children."

Rinaldo stimmt ihm eifrig bei, denn er vermutet, dass
man in dieser Weise dem bedrängten Freunde zu Hilfe
kommen könne, und fordert den unliebenswürdigen Alten
auf, etwas zu tun, um Fortunio den Streich nicht so unge-

„Penitential Hyms", die im 2. Bande der Ausgabe der Werke Chapman's
sich findet, denn sie gründet sich nicht auf italienische, sondern lateinische
Gedichte. Im Gegenteile könnte es gerade auffallen, dass er nicht auch
italienische Gedichte Petrarcas' übersetzt hat. Vergl. dazu Fr. Petrarchae
Psalmi Poenitentiales in der Gesamtausgabe seiner Werke, Basel 1582.
p. 369—71.

straft hingehen zu lassen. Stolz sagt Gostanzo noch, bei seinen Sohn, den er für „a perfect pattern of sobriety, temperance and husbandry" hält, wäre etwas Derartiges vollständig ausgeschlossen.

Hier beginnt die eigentliche Benutzung der lateinischen Quelle, und zwar scheint uns die Handlung zunächst der terenzianischen ziemlich nahe zu kommen. Von einem Überraschen des Liebespaares ist allerdings dort keine Rede, sodass der Unterschied besteht, dass Rinaldo in der Verlegenheit rasch den Ausweg ersinnt, der im „Heautontimorumenos" sorgfältig vorher besprochen war. Hieraus ergibt sich die grosse Verschiedenheit, dass sich bei Chapman die ganze Verwickelung durch Zufall bildet, während bei Terenz alles vorher fein berechnet und damit wahrscheinlicher ist. Denn hätte Gostanzo nicht gerade die Grille gehabt, die Versöhnung von Vater und Sohn zu verhindern, so hätte die ganze Notlüge dem Rinaldo und seinem Freunde Valerio nichts genützt. Im übrigen spielt Rinaldo jedoch vollständig die Rolle des verschmitzten Sklaven und erscheint uns zunächst ganz sympathisch, indem er seinem Freunde aus der Verlegenheit hilft. Auch Gostanzo ist hier zunächst dem Chremes noch ganz ähnlich; von seinen schlechten Eigenschaften ist hier noch wenig zu bemerken. Wie dieser zeigt er etwas Neugierde und schilt auf den allzunachgiebigen Vater, der seinem Sohne alles hingehen lässt. Auch dass der alte Ritter eine so gute Meinung von seinem Sohne hat, der in Wirklichkeit ein rechter Windbeutel ist, entspricht der Vorlage. Eine Ähnlichkeit hat die Stelle, wo Chremes dem Menedemus Vorwürfe wegen seiner Nachgiebigkeit macht: „Ingenio te esse in liberos leni puto" (v. 151) mit den oben zitierten Worten „much too much indulgent to his presuming children", doch kann man fast nie mit Gewissheit sagen, dass Chapman einen Gedanken seines Vorbildes wörtlich übernommen habe. Bei der guten Lehre ferner, die Valerio angeblich dem Fortunio gegeben hat (p. 50a):

„That in the choice of wives men must respect
The chief wife, riches, that in every course
A man's chief load-star should shine out of riches;
Love nothing heartily in this world but riches;
Cast off all friends, all studies, all delights
All honesty, and religion for riches;"

könnte Chapman etwas von einer Stelle in Jonson's „Every Man in his Humour" (zuerst aufgeführt 1597—98) beeinflusst sein, wo Knowell sagt, dass schlechte Väter ihren Söhnen die Lehre gäben:

„Get money; still get money, boy;
No matter what means; money will do
More, boy, than my lord's letter." [1])

Die Situation ist in beiden Stücken zwar ganz verschieden, doch geben beide Stellen derselben niedrigen Gesinnung' Ausdruck.

Scene 4.

Bevor sich Gostanzo recht zu etwas entschliessen kann, werden sie durch den Besuch Marc Antonio's unterbrochen. Rinaldo geht rasch ab, denn er wünscht nicht gesehen zu werden, verpflichtet aber den alten Ritter auf seine Ehre, nichts von dem Geheimnis zu verraten. Das ist natürlich für den elenden Gostanzo Grund genug, dem alten Freunde sofort alles mitzuteilen, denn er freut sich hämisch über dessen Missgeschick. Traurig fragt Antonio, was es denn für ein Mädchen sei, die sein Sohn geheiratet habe, und Gostanzo erwidert höhnisch:

„One, that is rich enough: her hair pure amber;
Her forehead mother of pearl, her fair eyes
Two wealthy diamonds, her lips, mines of rubies,
Her teeth are orient pearl, her neck pure ivory."

---

1) In der oben erwähnten Ausgabe, vol. I, p. 22 b (Act II, sc. 3).

Wie man vorausgesehen hatte, ist der sanfte Vater rasch zur Versöhnung bereit, wenn nur nichts gegen die Ehrlichkeit des Mädchens einzuwenden sei. Das kann aber der andere nicht hören und malt ihm in den grellsten Farben aus, welche üblen Folgen diese Milde haben würde. Er solle sich einmal streng zeigen, den unehrerbietigen Sohn aus dem Hause treiben und den zweiten zum Erben ernennen. Dazu ist Marc Antonio natürlich nicht fähig, und so findet sein falscher Freund den Ausweg, er solle sich nur scheinbar von Fortunio lossagen, und damit dieser infolgedessen nichts Verzweifeltes unternähme, wolle er, Gostanzo, ihn mit seiner Frau einstweilen in sein Haus aufnehmen, damit er dort durch seine Mahnungen und durch seines braven Sohnes gutes Beispiel (!) allmählich gebessert würde. Damit ist der betrübte Vater einverstanden und geht schweren Herzens wieder nach Hause.

Die Einwirkung der lateinischen Quelle ist hier wieder sehr offenkundig. In Marc Antonio erkennen wir unschwer den weichherzigen Menedemus wieder, der einzige Charakter, der bei Chapman fast garnicht verändert ist. Ebenso wie Chremes verhindert Gostanzo die rasche Versöhnung zwischen Vater und Sohn und erbietet sich, das junge Paar einstweilen zu beherbergen. Aber der Rat, den Sohn vollständig zu verbannen, liegt Chremes sehr fern. Die Gedanken sind in beiden Stücken, wie sich dies aus der Handlung ergibt, häufig sehr ähnlich. Z. B. warnt Chremes wie Gostanzo vor der Verschwendungssucht der jungen Frau, die aus kleinen Verhältnissen plötzlich in Wohlstand komme, Chremes hat ja bereits böse Erfahrungen in dieser Beziehung gemacht (vergl. Chapman p. 51a und Terenz III, 1). Auch die beständige Furcht M. Antonio's, sein Sohn könne davon laufen und fremde Kriegsdienste nehmen, ist eine Reminiszenz aus dem lateinischen Autor, wo dies tatsächlich geschehen war. Gleich ist auch die Absicht, den ungehorsamen Sohn im fremden Haus zu bessern, was aus Gostanzos Worten (p. 51b):

„I make no doubt but of a dissolute son
And disobedient, to send him home
Both dutiful and thrifty,"

und aus denen des Chremes (v. 491 f.):

„Somnum hercle ego hac nocte oculis non uidi meis,
Dum id quaero, tibi qui filium restituerem"

hervorgeht, nur dass dies bei Chremes wirkliche Herzens-
güte ist, während wir es dem nichtswürdigen Gostanzo nicht
gut glauben können. Hier hat sich Chapman augenscheinlich
durch die Quelle verleiten lassen, einen Zug einzuführen,
der nicht zu seinem Charaktertypus passt, eine Inkonsequenz,
der wir noch häufiger begegnen werden. Wörtlich nahe
kommen sich ferner zwei Verse der beiden Stücke:

Chapman p. 51 a:
„You ope him doors to any villany"
und Terenz v. 481:
„Huic quantam fenestram ad nequitiem patefeceris."

Wenn dann Chremes der Verabredung entgegen das
Geheimnis seinem Freunde erzählt, so band ihn keine sitt-
liche Verpflichtung zu schweigen. Denn er handelte von
vornherein im Einverständnis mit Menedemus, während
Gostanzo in niederträchtiger Weise sein Wort bricht, um
sich an dem Unglück seines Nachbarn zu weiden.

Endlich mag noch erwähnt sein, dass die unliebenswürdige Äusserung Gostanzo's (p. 51 b):

„Better one branch be lopped away, thau all the whole
tree should perish,"

als sein Freund fürchtet, sein Sohn möchte im fremden
Kriegsdienst verstümmelt werden, augenscheinlich dem bekannten Spruch der Bergpredigt (Matth. V 29, 30) entnommen ist, nur dass Chapman mit der den Engländern
eigenen Scheu, Bibelstellen an profaner Stelle zu zitieren,
ihn stark umänderte.

Scene 5.

Rinaldo hat während der ganzen Scene das Zimmer nicht verlassen, sondern hat die Unterreduug hinter dem Wandteppich versteckt mit angehört. Er kommt nun hervor und der falsche Gostanzo erzählt ihm, dass er Marc Antonio sehr hart und unerbittlich gefunden habe, und dass er deshalb dem jungen Paare einstweilen in seinem Hause Obdach geben wolle. Der Student, den dies höchlichst amüsiert, erlaubt sich nun den ziemlich albernen Scherz, Gostanzo's eigene Worte, die er ·eben von ihm erlauscht hat, vor ihm in etwas veränderter Form wieder zu gebrauchen, zum grossen Erstaunen des alten Edelmannes. Sonst kommt sein Anerbieten dem Rinaldo sehr gelegen, denn er sieht hierin eine ergiebige Quelle für allerhand Spass und eilt fort, seinen Freund zu instruieren.

Diese Scene ist ganz selbständig erfunden.

Scene 6 und· 7.

Es werden uns jetzt die drei Frauen, die in dem Stück eine Rolle spielen, im Gespräch miteinander vorgeführt, nämlich Gratiana, Bellanora, die Tochter Gostanzo's, und Gazetta, die Frau eines Pächters Namens Cornelio; Gazetta beklagt sich über ihr trauriges Los : während ihre Freundinnen zu selten mit ihren Geliebten zusammenkommen, ist ihr am wohlsten, wenn ihr Mann nicht bei ihr weilt. ·Denn er quält sie mit einer lächerlichen, ganz grundlosen Eifersucht, und zwar treibt er dies so weit, dass er ihr beständig Gäste ins Haus bringt und sie dann mit ihnen aufzieht. Er führt nämlich für einen Pächter ein sehr kostspieliges Leben und verkehrt mit den jungen Edelleuten der benachbarten Güter und des Hofes. (Scene 7.) Kaum hat sie so den Charakter ihres Gatten geschildert, da präsentiert er sich schon selbst in seiner ganzen Eifersucht. Als er die drei Frauen zusammen stehen sieht, argwöhnt er sofort, dass irgend etwas Schlimmes ausgeheckt werde und treibt seine Frau schleunigst ins

Haus, zuerst mit einem Vorwande, und als der nicht verschlägt, mit strengem Befehl. Dann eilt er ihr sofort nach, um sie zu überwachen und lässt die beiden andern zurück, die zornig auf ihn schelten.

Mit diesen beiden Scenen verlässt Chapman vollständig die Haupthandlung und damit seine Quelle und wendet sich dem Nebenmotiv zu, dem des grundlos eifersüchtigen Gatten. Er ist hier durchaus selbständig, nur dass die Gestalt des Cornelio bereits Vorbilder hat, worüber ich später bei der Charakteristik Cornelios noch im Zusammenhang handeln werde. Der Vorwand, um Gazetta in's Haus zu schicken, lautet:

„Wife, the air is sharp,
Y'ad best to take the house, lest you take cold."
Was sie mit den Worten zurückweist:
„Alas! this time of year yields no such danger."

Dieses Motiv kannte Chapman aus Lyly's „Mother Bombie", wo Stellio denselben Vorwand braucht, um seine Tochter Silena in's Haus zurückzuschicken:
„Silena, I praie you looke homeward, it is a colde aire, and you want a mufler."[1])

Das Heranziehen dieser Stelle dürfte etwas gesucht erscheinen, wenn nicht auch sonst noch verschiedentlich Beziehungen unseres Stückes zu Lyly vorhanden wären, wie man noch später sehen wird, die beweisen, dass Chapman Lyly's Werke eifrig gelesen hatte,[2]) sodass es in der Tat möglich wäre, dass diese Stelle ihn hier beeinflusst habe.

Scene 8 und 9.

Valerio und Fortunio treten jetzt zu ihren jungen Frauen und unterhalten sich mit ihnen, ohne dass das Gespräch den geringsten Fortgang in der Handlung bedeutete.

---

1) The Complete Works of John Lyly, edited by R. W. Bond, Oxfort 1902, vol. III, p. 199.

2) Eine andere Entlehnung Chapman's von Lyly konstatiert Koeppel a. a. O. p. 80, Anm. 2.

(Sc. 9.) Da eilt Rinaldo, sehr stolz auf seinen Erfolg, herbei, und nachdem er ihre Erwartung auf's höchste gespannt hat, teilt er ihnen mit, was sich inzwischen ereignet hat, indem er alles so darstellt, als habe sein überlegener Verstand (er fühlt sich ihnen gegenüber als „scholar") die Sache so arrangiert, dass beiden Liebespaaren Gelegenheit geboten wird, im Hause des Gostanzo ungestört zu verkehren. Dann schärft er ihnen noch besonders ein, ja recht vorsichtig in Gegenwart des misstrauischen Alten zu sein und nicht aus der Rolle zu fallen. Namentlich fürchtet er, Valerio oder Bellanora möchten eifersüchtig werden, wenn Fortunio die Gratiana vor dem Vater umarme, um die Täuschung möglichst konsequent durchzuführen. Aber Valerio meint, das mache ihm durchaus nichts aus, Bellanora werde schon genügend aufpassen, worauf der lockere Fortunio vorschlägt, das Küssen sofort ein wenig einzustudieren, wovon aber sein Freund nichts wissen will.

In dieser letzten Scene des Aktes kehrt Chapman wieder zu seiner Quelle zurück. Wie Syrus unterrichtet Rinaldo die Liebenden über die Rolle, die sie zu spielen haben, wenn auch dort nach seiner Unterredung mit Gostanzo, während dies bei Terenz vorher geschieht. Rinaldo ist wie Syrus sehr stolz auf seine geschickte Vermittelung, nur dass Rinaldo bisher noch keinen rechten Grund dazu hat, was Chapman in der Eile übersieht, denn der günstige Umschlag der Sachlage ist ganz zufällig eingetreten. Im übrigen ähnelt diese Scene ausserordentlich II, 3 des „Heautontimorumenos". Man beachte z. B. die folgenden Parallelstellen, die zwar nicht wörtlich übernommen sind, aber doch dieselbe Zuspitzung der leitenden Gedanken enthalten:

Ter. v. 332. Syrus: „Adsimulabimus tuam amicam huius esse amicam", und

Chap. p. 54a. Rinaldo: „Brother, this lady you must call your wife."

Ferner Ter. v. 328. Syrus: „Nam apud patrem tua amica tecum sine metu ut sit copiast," was der Engländer in seinem geschrobenen, künstlichen Stil folgendermassen breit ausdrückt (p. 54a unten):

> Rinaldo: „Valerio, here's a simple mean for you
> To lie at rack and manger with your wedlock"

und (54a):

> „Well, sir, you shall have all means
> To live in one house, eat and drink together,
> Meet and kiss your fills."

Weiterhin beachte man Ter. v. 369 f.:

Syrus: „Sed heus tu, uide sis ne quid inprudens ruas!
Patrem nouisti ad has res quam sit perspicax"

und Chapman p. 54 b:

> Rinaldo: „Valerio, can your heat of love forbear,
> Before your father . . .

— — — — — — — — — —

> Valerio keep your countenance, and conceive
> Your father in your forged sheepishness."

Und endlich noch Ter. v. 377:

Clitipho: „Scio apud patrem; at nunc interim?"

was diesmal sogar beinahe wörtlich übereinstimmt mit Valerios Antwort (p. 54b):

„Ay, before him (Gostanzo), I do not greatly care."

Akt II.

Scene 1.

Marc Antonio ist wieder zu seinem Freunde gekommen, um mehr über seinen Sohn zu hören. Anstatt ihn etwas zu trösten, schilt Gostanzo wieder auf seine Weichherzigkeit und rühmt mit Stolz den eigenen Sohn.

Die erste Scene fördert wieder nicht den Gang der Handlung und könnte ebenso gut fehlen, zumal da sie sich inhaltlich vollständig mit der 4. Scene des vorigen Aktes

deckt, ein Fehler, den Terenz nicht macht. Chapman
konnte eben das Motiv des auf seinen Sohn stolzen Vaters
nicht häufig genug 'vorbringen, das ja unendlich komisch
wirkt, da der Zuschauer ganz genau weiss, dass dazu kein
Grund vorhanden ist. Auch das Hetzen Gostanzo's gegen
Fortunio ist hier ganz überflüssig wiederholt und zwar sehr
breit. Komisch ist dann, dass Gostanzo einmal selbst ver-
gisst, dass er es ist, der den Frieden zwischen Vater und
Sohn gestört hat, denn er sagt zu seinem Freunde:

„And in my house, here, they shall sojourn both,
Till your black anger's storm be overblown."

Dies ist ein feines aus dem Leben gegriffenes Motiv,
dass gewohnheitsmässige Lügner zuletzt ihre eigenen Märchen
glauben.

Aus dieser Scene erfahren wir, dass die beiden alten
Landedelleute langjährige Freunde und Nachbarn sind, was
also eine Abweichung vom „Heautontimorumenos" bedeutet,
da dort Menedemus erst kürzlich in die Gegend gezogen
ist, denn Chremes sagt v. 53:

„Quamquam haec inter nos nuper notitia admodumst,

— — — — — — — — — — — — — — — —

Tamen uel uirtus tua me uel uicinitas,
Quod ego in propinqua parte amicitiae puto,
Facit, ut te andacter moneam et familiariter . . ."

Dagegen sagt Gostanzo, abgesehen von dieser Änderung,
in ähnlicher Weise (p. 55a):

„Our old acquaintance and long neighbourhood
Ties my affection to you, and the good
Of your whole house; in kind regard whereof
I have advised you, for your credit's sake . . ."

Natürlich darf man hier wieder Gostanzo's freund-
schaftliche Versicherung nicht für Ernst nehmen, während
den gutmütigen Chremes wirkliche Teilnahme zu diesen
herzlichen Worten veranlasst.

Scene 2.

Während die beiden Väter noch miteinander sprechen, tritt Valerio mit einem Pagen auf, was Gostanzo wieder zu einer rühmenden Bemerkung über seines Sohnes Tüchtigkeit veranlasst. Der Page ist von Fortunio an Valerio geschickt worden, um Geld von ihm zu entleihen, was dieser abschlägt und dabei auf Fortunio's Verschwendungssucht schilt. Der Page geht ab und Gostanzo lobt seinen Sohn voller Freude über dessen Gesinnung, besonders als dieser ihm erzählt, dass er seinem Freunde das Geld zwar versprochen habe, aber nicht daran denke, sein Wort zu halten. Erstaunt wirft Marc Antonio ein, er erziehe ja da seinem Sohne recht eigentümliche Tugenden an, aber der Alte weist ihn barsch zurück.

Diese Scene ist eine der schwächsten, die in diesem Stücke vorkommen. In der Quelle findet sich keine Entsprechung dafür, und in der Tat wäre solch unlogische Scene bei Terenz unmöglich. Als nämlich Gostanzo seinen Sohn eintreten sieht, sagt er zu seinem Nachbar:

„Withdraw, take up your stand;
You shall hear odds betwixt your son and mine,"

gerade als wüsste er bereits ganz genau, was sein Sohn sagen werde. Chapman zeigt sich hier in seiner ganzen Schwäche; ihm läuft ein Fehler unter, der beinahe dem bei der Besprechung der vorigen Scene erwähnten des Gostanzo gleichkommt, indem er, was er als Verfasser weiss, auch den alten Ritter wissen lässt, was ganz unmöglich ist. Ferner weiss man nicht recht, wie Valerio dazu kommt, sich plötzlich so brav im Sinne seines Vaters zu zeigen, es müsste denn sein, dass er gesehen hätte, wie die beiden Greise sich versteckten. Dann bleibt aber noch die Schwierigkeit zu erklären, wie plötzlich der Page so instruiert ist, dass er um Geld bittet (denn von Valerio konnte Fortunio in Wirklichkeit keins erwarten). Um dies gleich vorauszunehmen, so mag jetzt schon gesagt sein, dass die Gestalt

dieses Pagen Curio eigentümlich in der Luft schwebt: hier
tritt er als Bote Fortunios auf, ein ander Mal (V, 4) bedient
er Valerio; dennoch kann man kaum annehmen, dass er
einem dieser beiden Jünglinge angehört, die ja auf dem
Lande für einen Pagen kaum Verwendung hatten. Namentlich Valerio hätte sich bei seines Vaters Geiz keinen Pagen
halten dürfen. Am wahrscheinlichsten bleibt, dass er dem
später erwähnten Dariotto angehört, in dessen Interesse man
seine Rede (III, 5) gehalten denken könnte. Dafür spricht
auch, dass Cornelio ihn im Zorn den illegitimen Sohn dieses
Höflings nennt.

Scene 3 und 4.

Das Gespräch der alten Leute mit Valerio wird unterbrochen durch Rinaldo, der Fortunio und dessen angebliche
Frau Gratiana bei Gostanzo einführt. Bei ihrem Nahen
versteckt sich rasch Marc Antonio hinter dem Wandteppich,
denn er wünscht nicht von ihnen gesehen zu werden. Der
andere nimmt das junge Paar sehr freundlich auf und zeigt
sich besonders galant gegen Gratiana, die er mit Kuss und
süssen Worten empfängt. Dem Fortunio schildert er den
Zorn seines Vaters, tröstet ihn aber und lädt ihn ein, bei
ihm zu bleiben, bis Marc Antonio endlich milderen Sinnes
werde. Der Jüngling spielt seine Rolle vortrefflich, indem
er sich sehr niedergeschlagen stellt, und ebenso Valerio, der
vor seinem Vater immer die Maske eines dummen Bauern
vornimmt. Besonders tölpelhaft stellt er sich an, als ihm
sein Vater befiehlt, die junge Frau zu küssen, sodass dieser
ihn ärgerlich seine Schwester holen heisst. (Sc. 4). Dies
geschieht, und Bellanora empfängt die junge Frau sehr
freundlich, ganz als ob sie sie im Leben nie gesehen hätte,
und dann gehen Rinaldo, Fortunio und die beiden Frauen
ab. Gostanzo aber hält seinem angeblich so dummen Sohne
eine Strafpredigt wegen seiner Ungeschicklichkeit. Da sei
er in seiner Jugend doch ein ganz andrer Kerl gewesen,
der sich auf Gedichte, Verbeugungen und gebildete Unter-

haltung wohl verstanden habe. Valerio schleicht davon und Marc Antonio kommt wieder hervor, ganz erstaunt über Gostanzo's Galanterie, und redet auch gutmütig Valerio das Wort.

Diese beiden Scenen stehen wieder etwas höher, als die vorige, sie enthalten guten Humor, der freilich wegen seiner Derbheit unserem Geschmack weniger zusagt, in damaliger Zeit aber sicher grossen Erfolg auf der Bühne errang. Sehr amüsant ist Valerio, der so geschickt den Tölpel spielt und der Alte, der so ungeschickt den Galanten herausbeissen will. Er rühmt sich seiner feinen Bildung und Redegewandheit und führt zum Beweis an, wie er einst eine Herzogin mit folgenden Worten unterhalten habe:

„„What is't a-clock?" „What stuff's this petticoat?"
„What cost the making? What the fringe and all?"
And „What she had under her petticoat?"
And such-like witty compliments.""

Logisch richtig ist die Scene freilich auch nicht, denn wenn Marc Antonio die unterwürfigen Worte seines Sohnes an dieser Stelle hörte, wo Heuchelei ausgeschlossen war, so hätte er eigentlich seinem Naturell entsprechend hervorkommen und ihm verzeihen müssen, denn er konnte daraus schliessen, dass keine Gefahr vorlag, der Sohn möchte seine Nachgiebigkeit missbrauchen. Eine so rasche Lösung konnte Chapman allerdings nicht gebrauchen, und so ist nicht recht verständlich, weshalb er überhaupt den Marc Antonio sich verstecken lässt. Hätte er ihn abgehen lassen, so hätte er später keine Schwierigkeit mehr gehabt, als Rinaldo seinem Vater wieder vorschwindelt, Gratiana sei Valerio's Frau, was nach dieser Scene ganz unglaublich ist. Dass er sich wirklich versteckt, ist unzweifelhaft, obwohl am Ende der zweiten Scene die Bemerkung „abscondit se" fehlt; aber nach der Rede Gostanzo's heisst es „prodit Marc Antonio" und aus dem folgenden Gespräch mit seinem Nachbarn geht hervor, dass er die Unterhaltung mit angehört hat.

Dass Chapmann in diesen beiden Scenen wieder ganz unabhängig von seinem Vorbild und originell gearbeitet hat, brauche ich kaum noch zu erwähnen.

Scene 5 und 6.

Valerio und Rinaldo treten auf, und der letztere prahlt wieder wie in I, 9 mit seinem fein ausgedachten Plan, wogegen der erstere meint, ihm gebühre mindestens ebensoviel Lob wegen seines geschickten Spieles. Dann erzählt der Student seinem würdigen Freund von der Eifersucht des Cornelio, der sein Weib quäle, besonders weil der Höfling Dariotto ihr süsse Augen macht. (Sc. 6). Da tritt das genannte Ehepaar auch schon auf, und die beiden jungen Leute ziehen sich zurück. Wieder sehen wir wie in I, 7, dass der Pächter seine Frau mit seiner lächerlichen Eifersucht verfolgt. Sie hat eine Handarbeit vor sich und sofort fragt er sie, für welchen Liebhaber diese bestimmt sei, und wirft ihr die schlimmsten Dinge vor, ganz besonders im Hinblick auf Dariotto. Erschrocken und entrüstet weist Gazetta diesen Verdacht zurück, doch droht ihr der eifersüchtige Gatte heftig und schickt sie barsch ins Haus zurück. Dann sucht er sozusagen seine Eifersucht vor dem Publikum in einer Rede zu rechtfertigen, in der er sagt, es sei besser, zu argwöhnisch, als zu vertrauensvoll zu sein.

Die erste Hälfte der 5. Scene gehört noch zu der Haupthandlung, dann springt aber Chapman ruckweise und ungeschickt zur Nebenhandlung über, indem er Rinaldo einfach das Gespräch unterbrechen lässt mit den Worten: „Well, sir, now to vary the pleasures of our wits, thou knowst . . . e. cet." Von irgend einer Verschmelzung der beiden Handlungen ist keine Rede, sie laufen nebeneinander her, bis im letzten Akt eine Einigung erzielt wird, freilich auch nur mangelhaft, wie wir später noch sehen werden. Dass der ganze folgende Teil des zweiten Aktes selbständig und frei von terentianischem Einflusse ist, wird man aus der Inhaltangabe ersehen können, ohne dass ich es beständig zu wiederholen brauche. Valerio und Rinaldo kehren bereits in der 5. und zu Anfang der 6. Scene ihren bösen Charakter hervor. Sie spotten über Cornelio wie über ihre sonstigen Kameraden und beschliessen ganz ohne Ursache, diesen irgend einen Schabernack zu spielen. Im folgenden Teile zeigt sich Cornelio's Eifersucht in ihrer ganzen Hässlichkeit. Es kommt in dieser Scene (6) eine sehr interessante Anspielung auf Shakespeare's Hamlet vor, wie schon der Herausgeber der zu Grunde gelegten Ausgabe, R. H. Shepherd,[1] bemerkt hat (p. 58a Note).

Als nämlich Cornelio die Stickerei seiner Frau sieht, entspinnt sich folgendes Gespräch:

Cornelio: „A pretty work; I pray what flowers are these?"

Gazetta: „The pansy this."

Cornelio: „Oh, that's for lover's thoughts. What's that, a columbine?"

Gazetta: „No that thankless flower fits not my garden."

Dies würde unverständlich sein, wenn nicht Cornelio auf die bekannte Scene im Hamlet anspielte, wo Ophelia im Wahnsinn auftritt und mit Blumen spielt (IV, 5):

Ophelia: „There's rosemary, that's for remembrance; pray love, remember: and there's pansies, that's for thoughts.. . . . There's fennel for you, and columbines."

Es kann gewiss nicht zufällig sein, dass Cornelio sofort an die Blume columbine denkt, als ihm eine pansy genannt wird, obwohl die auf der Stickerei befindliche Blume sicher nicht die entfernteste Ähnlichkeit damit hatte, wie Gazetta's Antwort beweist. Ausserdem kann die Bemerkung: „Oh, that's for lover's thoughts" gar nicht anders verstanden

---

1) Meines Wissens ist Shepherd bisher der einzige, dem diese Stelle aufgefallen ist, aber er zieht nicht die daraus folgenden Schlüsse, augenscheinlich, weil ihm bei der Herausgabe des Textes die frühe Entstehungszeit von „All Fools" nicht bekannt war.

werden als im Hinblick auf die Rede der Ophelia. „lover's"
fügt Cornelio natürlich infolge seiner Eifersucht hinzu und
verschiebt dadurch den Gedanken ein klein wenig. Chapman hätte sich nun sicher nicht diesen Scherz erlauben
können, hätte er nicht beim Publikum Kenntnis des Hamlet
voraussetzen können. Nun setzt man aber in neuerer Zeit
die Entstehung dieses berühmten Werkes Shakespeares gewöhnlich in das Jahr 1601—02, während Chapman's „All
Fools" bereits 1599 aufgeführt wurde, obwohl der erste
Druck aus dem Jahre 1605 stammt. Grund dafür ist die
folgende Notiz in dem bekannten Diary of Henslowe: [1])

„Lent unto thomas Dowton, the 2 of July 1599,
to paye Mr. Chapman, in full paymente for his
boocke called the world rones a whelles, and
now all foolles, but the fool, some of . . . } XXX s."

Das widerspricht sich allerdings, und man muss daher
annehmen, dass der Hamlet doch schon einige Jahre früher
entstanden ist; oder sollte Shakespeare dieses unbedeutende
Motiv bereits in dem sogenannten Urhamlet vorgefunden
haben? Doch ich will es lieber den Shakespeare-Gelehrten
überlassen, sich mit dieser Frage weiter zu beschäftigen und
sie nur auf diese Stelle in dem Chapman'schen Stücke hingewiesen haben.

---

1) „The Diary of Philip Henslowe", ed. by J. Payne Collier (Shakespeare Society) London 1845, p. 154. Merkwürdigerweise bemerkt Collier
in der Fussnote 1 hierzu: „In this memorandum, we seem to have a
notice of three separate works by Chapman; „The World runs on Wheels",
„All Fools", and „The Fool" . . . It may be doubted wether Henslowe
does not mean that the title of „All Fools" was substituted for „the
World runs on Wheels".

In seiner History of English Dramatic Poetry (London 1879, vol. II,
p. 476) verficht er jedoch entschieden die Annahme dreier verschiedener
Stücke und zitiert eigentümlicherweise die obige Stelle ganz anders:
„Lent unto Thomas Dowton [or Downton], the 2 of July 1599, to paye
Mr. Chapman in full payment for his boocke called The World Ronnes
on Wheeles, and *not* All Fooles, but the Foole, 30 s." Auf jeden Fall
kann aber auch so nicht geleugnet werden, dass bereits im Juli 1599
„All Fools" bestand.

Scene 7 und 8.

Die beiden Hofleute, Dariotto und Claudio, treten jetzt in Gesellschaft von Valerio auf. Das Thema der Unterhaltung ist wieder der bekannte Betrug, und wie schon früher Rinaldo, so wirft Claudio ein, dass das Spiel ein plötzliches Ende erreichen werde, wenn er von seinen Gläubigern verhaftet würde. Darauf erzählt Valerio mit prahlerischer Aufschneiderei, wie er unterwegs auf dem Marktplatz auf eine Truppe von Häschern gestossen sei, die ihn wegen seiner Schulden hätte verhaften wollen. Er habe darauf sein Schwert gezogen und sie wie eine Herde vor sich hergetrieben. Sie hätten sich auf eine Schaar von Advokaten geworfen und hätten die mitgerissen, wobei deren Papiere zerstört worden wären, sodass sie nun nicht mehr plädieren könnten./Es folgen noch mehrere Wortwitze und dann gesellt sich Cornelio zu ihnen, dem Valerio mit höhnischen Worten rät, an den Hof zu ziehen, seine Frau werde ihn dort schon zum grossen Manne machen. Damit berührt er des Pächters zwei empfindliche Stellen, seinen Ehrgeiz und seine Eifersucht, und aus Rache beschliesst dieser, den kecken Renommisten lächerlich zu machen, wobei ihm Dariotto hilft. Er fasst ihn bei seiner Eitelkeit, indem er seine Talente rühmt und schliesslich auf seine Fertigkeit im Singen und im Spielen der Theorbe (Basslaute) kommt. Valerio, im Inneren hocherfreut, will das bescheiden ablehnen, ist aber sehr rasch bereit, die Ohren seiner Kameraden mit Musik zu erfreuen. Ein Instrument wird gebracht, er singt und nach einigen Tönen brechen die Anwesenden in Lachen aus und laufen mit spöttischen Worten davon, da sie Valerio's „liebliche" Stimme nicht länger ertragen können. (Sc. 8.) Rinaldo tritt herein und belehrt den erstaunten Freund, dass man sich nur einen Scherz auf seine Kosten erlaubt habe. Voller Wut beschliesst dieser, sich an Cornelio und Dariotto zu rächen, indem er den eifersüchtigen Gatten auf Dariotto hetzen will. (I'll cast a jar betwixt them both with firing the poor cuckold's jealousy.)

Diese beiden Scenen zeigen uns deutlich, dass es
Chapman nicht darauf ankam, seinem Publikum ein fein
aufgebautes Lustspiel zu bieten, sondern er will es lediglich
unterhalten, indem er seine Lachlust anregte. Bei dessen
grösserem Teil fand er auch sicher dafür Dank, und man
kann sich recht wohl vorstellen, dass dieses Stück einen
grossen Bühnenerfolg hatte: die beiden Scenen sind ausserordentlich amüsant und für uns besonders wegen der Sitten-
schilderung der damaligen Zeit interessant. Wir hören
z. B., dass es zu den notwendigsten Eigenschaften eines
„gentleman" gehörte, seine Rede mit italienischen, französischen und spanischen Fetzen auszuflicken, gerade wie an
einer anderen Stelle das Tabaksrauchen[1]) als dazu gehörig
genannt wird. Valerio war sicher trotz seiner inneren Gemeinheit ein Liebling des Publikums wegen seines flotten
Auftretens und seiner witzigen Redegewandtheit. Die Schilderung von dem Abenteuer mit den Häschern entrollt uns
ein treffendes Bild aus jener Zeit, wo ausschweifende Edelleute und Häscher in beständigem Krieg lebten. Es erinnert uns lebhaft an die freilich aus sehr viel späterer
Zeit stammende bekannte Scene aus Zachariae's „Renommist"
und an die Figur des miles gloriosus. — Über die Ungeschicklichkeit der Scenerie in diesem Akte habe ich bereits
früher gesprochen. Zu bemerken ist hier noch, dass Chapman selbst vergessen hat, dass der ganze Akt vor Gostanzo's
Hause spielen soll, so dass wir uns wundern, weshalb Valerio, der zu Anfang der Scene 6 die Absicht ausgesprochen
hatte, seine Freunde aufzusuchen, den langen Umweg durch
die Stadt machen musste, um schliesslich wieder an demselben Orte anzulangen und dann noch sein Schwert an
die Wand zu hängen (!). — Der Schluss der letzten Scene
bringt endlich eine Art von Fortgang der Handlung in dem
Corneliomotiv, indem Valerio beschliesst, den Pächter auf
Dariotto eifersüchtig zu machen. Freilich wird dies wieder

---

1) Dies wird auch bei Ben Jonson verschiedentlich erwähnt,
namentlich in „Every Man out of his Humour".

durch die vorausgehende Scene 7 gestört, wo Rinaldo schon erzählt, dass Cornelio auf Dariotto eifersüchtig sei. Man kann diese Ungeschicklichkeit Chapman's gar nicht begreifen, da es doch sicher seine Absicht ist, erst durch Valerio's Einflüsterung den eifersüchtigen Gatten auf den Höfling zu hetzen. Auch sonst zeigt sich Chapman in der Entwicklung der Handlung schwach. Denn die Art und Weise, wie es Valerio anstellt, Cornelio so sehr gegen Dariotto und Gazetta aufzubringen, hätte für einen anderen Dichter willkommenen Stoff zu einem Dialog gegeben. Chapman lässt dies aber ganz unberücksichtigt, sodass wir nie zu hören bekommen, was er ihm eigentlich gesagt hat, sodass der Grund für die ganze folgende Verwicklung fehlt. —

Akt III.

Scene 1 bis 3.

Bisher ist die List Valerio's vortrefflich geglückt, aber seine eigene Unvorsichtigkeit soll ihn in grosse Verlegenheit bringen. Wir sehen auf der Bühne zunächst Fortunio, Bellanora und Gratiana in einem Gespräch, das ohne ihr Wissen von dem neugierigen Gostanzo belauscht wird. Aus dieser Unterhaltung geht unzweifelhaft die ganze Wahrheit hervor, nichtsdestoweniger merkt aber der verblendete Alte nichts. (Sc. 2.) Dies wird jedoch anders, als auch Valerio eintritt, Gratiana mit zierlichen Worten begrüsst und sie umarmt. Dann gehen sie ab und lassen Gostanzo im höchsten Erstaunen über die plötzliche Metamorphose seines sonst so tölpelhaften Sohnes zurück. (Sc. 3.) Gerade zur rechten Zeit kommt Rinaldo hinzu, um den Fehler wieder gut zu machen. Gostanzo erzählt ihm in grossem Zorn, was sich ereignet hat, und dringt darauf, dass er ihm die Gratiana aus dem Hause schaffe, damit kein Unheil passiere. Dieser ist in grosser Verlegenheit und sucht zu vermitteln, aber der Alte bleibt fest. Schliesslich verfällt Rinaldo auf die Idee, das Mädchen in seines eigenen Vaters Haus unter-

zubringen und diesem vorzuschwindeln, sie sei nicht Fortunio's, sondern Valerio's heimlich angetrautes Weib. Als
Gostanzo einwirft, Marc Antonio habe sie ja erst vorher
bei ihm als Fortunio's Weib gesehen, vermisst sich der
schlaue Student, er wolle seinem Vater schon genügend
Sand in die Augen streuen, dass er ihm alles glaube. Dies
gibt dem unliebenswürdigen alten Manne wieder Gelegenheit, geringschätzig und mitleidig über den Freund zu
spötteln und sich selbst zu rühmen:

> „An honest knight, but simple; not acquainted
> With the fine sleights and policies of the world,
> As I myself am."

Rinaldo verlangt dann noch, er möge seinen Sohn
Valerio häufig hinüber zu seiner angeblichen Frau gehen
lassen, um die Täuschung aufrecht zu erhalten. Gostanzo
verspricht dies, verlangt aber von ihm, dass er ihn ja recht
beaufsichtige, damit er keinen dummen Streich mache und
seinem Bruder Fortunio ins Gehege komme. Dann geht er
ab, und Rinaldo bleibt lachend zurück, über den verblendeten
alten Narren triumphierend. Dann bricht er plötzlich ab
und erzählt dem Publikum, dass die Einflüsterungen Valerio's bei Cornelio Erfolg gehabt hätten, er springt also in
derselben ungeschickten Weise zu dem Corneliomotiv über
wie in dem vorhergehenden Akte.

Nachdem Chapman sich seit der ersten Scene des
zweiten Aktes nicht mehr um Terenz bekümmert hatte, kehrt
er jetzt wieder zu seiner Quelle zurück. Die Bombe kommt
zum Platzen, und wie dort verrät sich der Liebhaber selbst
durch seine Unvorsichtigkeit, wie bereits Rinaldo, resp.
Syrus, befürchtet hatte. Daraus kann man freilich Valerio
weniger einen Vorwurf machen als dem Clitipho, da er
keine Ahnung haben konnte, dass ihn sein heimtückischer
Vater belauschte. Clitipho dagegen fällt bereits zum zweiten
Male vor seinem Vater aus der Rolle. Da bei Chapman
die Vertraulichkeit auf offener Scene stattfand, so begnügt er

sich mit einem Kusse, während bei Terenz, wo der Vater es nur hinter der Scene geschehen sieht, die Sache viel drastischer geschildert wird (v. 563: manum in sinum huic merctrici ingerere). Die Änderung war bei Chapman auch schon deshalb geboten, weil Gratiana eine anständige Dame, Bacchis aber ein Freudenmädchen ist. Eine tüchtige Portion Dummheit traut übrigens Chapman nicht nur dem Gostanzo, sondern auch dem Publikum zu, wenn er uns glauben machen will, der stets Unrat witternde Greis könne die in der ersten Scene gewechselten, verräterischen Worte miss-verstehen. Fortunio sagt nämlich hier zu Bellanora, natür-lich mit entsprechenden Gesten:

> „How happy am I, that by this sweet means,
> I gain access to your most loved sight,
> And therewithal to utter my full love,
> Which but for vent would burn my entrails up."

Gostanzo:

> „By th' mass, they talk to softly."

Bellanora:

> „Little thinks
> The austere mind my thrifty father bears
> That I am vow'd to you, . . ."

Und das erklärt Gostanzo in ganz unglaublicher Ver-blendung:

> „My daughter is persuading him to yield
> In dutiful submission to his father."

Das heisst uns in der Tat etwas viel zugemutet. In der folgenden dritten Scene weicht Chapman noch viel stärker von seiner Vorlage ab. Der verschlossene Gostanzo wünscht durchaus nicht, dass sein Sohn etwas davon er-fahre, dass er ihn erkannt hat, was er in seiner eigentüm-lichen Moral mit den Worten begründet: „For shame once found, is lost." Der offene Chremes dagegen hält seinem lockeren Söhnchen eine energische Rede. Damit lässt er es aber auch genug sein und heisst den Sohn nur auf ein paar Stunden dem jungen Paare aus dem Wege gehen, während Gostanzo sofort radikal vorgeht und den Gegenstand des Ärgernisses aus dem Hause weist, was dem gastfreundlichen Chremes unmöglich gewesen wäre. Damit ist bei Chapman allerdings besser begründet, weshalb das Mädchen in das Haus des anderen Vaters übersiedeln muss, was bei Terenz ziemlich schwach und künstlich motiviert ist. — Ähnlich erscheinen in beiden Stücken die Stellen:

Ter. 566—67.

Chremes:

„Nam istaec quidem contumeliast,
Hominem amicum recipere ad te atque eius amicam
subigitare."

und Chap. 62a.

Gostanzo:

„My friend's son shall not be abused by mine."

Wir müssen uns freilich wundern, dass Gostanzo plötzlich ein so warmes Gefühl für seinen Freund hegt, während er sich sonst immer boshaft amüsiert, wenn diesem etwas Fatales begegnet, aber hier hat wieder einmal die Quelle Chapman zur Inkonsequenz verleitet. Ferner finde ich noch eine Parallele in den 2 Sätzen:

Ter. v. 593 f.

Syrus:

„Atqui nunc, ere, tibi istic adseruandus est."

Chremes:

„Fiet."

und Chapman 62b oben:

Gostanzo:

„I'll have an eye on him, I warrant thee,"

nur dass bei dem lateinischen Dichter der Sklave den Rat erteilt, den Sohn scharf zu beobachten, während bei dem englischen der Vater selbst diesen Entschluss ausspricht.

Auf diese Scene bezieht sich auch die Bemerkung Koeppel's:

„Der englischen Bearbeitung grösster Fehler ist, dass, während Chremes, der von Anfang an Bacchis für die Geliebte des Clinia gehalten hat, es höchst natürlich finden muss, dass Clinia bei seiner Übersiedelung in das Haus seines Vaters die Dirne mit sich nimmt, Gostanzo die unbegreifliche Dummheit begehen muss, zu glauben, man könne den Marc Antonio, der Gratiana eine Scene lang als Gattin seines Sohnes Fortunio vor Augen gehabt hatte, im Handumdrehen davon überzeugen, sie sei von Anfang an Valerio's Frau gewesen." Dies ist richtig, aber ich habe im Lauf der Besprechung schon mehrmals Gelegenheit gehabt zu zeigen, dass solche Ungeschicklichkeiten bei Chapman durchaus nicht selten sind, und die vorhin erwähnte ist sicher schlimmer. In diesem Fall ist der Fehler nicht einmal so sehr gross, denn, wie ich beim Inhalt der Scene andeutete, traut Gostanzo seinem Freunde, den er für unglaublich beschränkt hält, alles zu. Freilich hätte der Dichter besser getan, wenn er in der betreffenden Scene (II, 1. p. 56a) den Marc Antonio einfach hätte aus dem Zimmer gehen lassen, wie ich bereits an dieser Stelle erwähnt habe. Es lag ihm aber wohl daran, die Überhebung Gostanzo's über seinen Freund mit recht grellen Farben zu schildern.

Scene 4 und 5.

Claudio tritt auf und erzählt, dass Cornelio in grösstem Zorn sei, und dass alle Versuche seiner Freunde, ihn zu besänftigen, erfolglos geblieben sind.

(Sc. 5.) Da kommt er auch schon, begleitet von Marc Antonio, Valerio und dem Pagen Curio, die auf ihn einreden. Er weist jedoch alles zurück, worauf Valerio ihn wegen seiner eigensinnigen Eifersucht schilt. Jetzt ergreift plötzlich der Page Curio das Wort und hält eine lange Verteidigungsrede für Gazetta. Er erklärt zunächst, dass ihn die Galanterie veranlasse, für die schutzlose Dame Partei zu ergreifen, und in umständlichster Form, unter Bildern und Wortspielen, bringt er vor, dass zwar die Frauen fehlerhafte Geschöpfe seien, dass aber die Männer auch ihre Schwächen hätten, und dass man deshalb der Frauen Mängel hinnehmen müsse, da ja auch ihre Tugenden gross seien. Dabei sagt der durchtriebene Schlingel dem armen Cornelio mit dem ernsthaftesten, unschuldigsten Gesicht die unangenehmsten Dinge und erklärt schliesslich, er bilde sich überhaupt nur ein, dass Hörner auf seinem Haupt gewachsen seien. Die anderen amüsieren sich köstlich über diese komische, witzige Rede, den erregten Cornelio versetzt sie aber in helle Wut. Er zieht seinen Degen, aber anstatt sich gegen den boshaften Pagen zu wenden, eilt er fort, um Dariotto zu suchen, den er, wunderbar genug, für den Vater Curio's erklärt, was wohl bildlich zu verstehen ist, da der Page gewissermassen auch ihn verteidigte, indem er der Gazetta das Wort redete.

Ich habe schon erwähnt, dass Chapman am Ende der 3. Scene wieder scharf von seinem Hauptmotiv absprang und sich der Nebenhandlung zuwendete. Die 4. Scene ist wieder recht überflüssig, da uns Claudio genau dasselbe erzählt, was uns Rinaldo soeben schon auseinander gesetzt hat. Wunderbarer Weise lässt Chapman den Valerio selbst die Eifersucht Cornelio's scharf tadeln, was gar keinen Sinn hat, da er selbst ihm erst Grund dazu gegeben hat. Dann aber tritt die eigentümliche Person des Pagen in den Vordergrund, der bisher in dem ganzen Stück gerade sechs Worte gesprochen hat und auch nach dieser Scene so spurlos verschwindet, wie er aufgetaucht ist, nur dass er im letzten Akte noch ein paar Worte spricht, die jedoch ganz belanglos sind. Es ist nun die Frage, weshalb Chapman diese Episode einführte, die ja eigentlich gar nicht in das Stück gehört, denn Curio ist ebenso vergesslich, wie bisweilen Chapman, indem er bald von seiner ursprünglichen Absicht, den eifersüchtigen Pächter zu beruhigen, auf Abwege gerät und ihn nur noch mehr reizt. Einesteils ist der Grund

natürlich der, die damals so beliebten Wortspielereien und
Witze aufzutischen, die stets ein dankbares Publikum fanden,
andrerseits glaube ich aber auch noch einen anderen wichtigeren Grund dafür gefunden zu haben. Schon Ward ist
es aufgefallen, dass die Rede des Pagen an den Stil Lyly's
erinnert,[1]) und Koeppel bemerkt daran anschliessend Folgendes:[2]) „Die ganze Stimmung der Scene lässt erkennen,
dass es Chapman auf eine Parodie des auffälligen Stiles
abgesehen hatte, dass er durch seine Verwendung eine
komische Wirkung erzielen wollte, vgl. z. B. „If she be
wanton abroad, are not you wanting at home? If she be
amorous, are not you jealous? If she be high set, are not
you taken down? If she be a courtezan, are not you a
cuckold'?" Dem stimme ich durchaus bei. Sehen wir uns
die Rede einmal genauer an: Die gezierte, gewundene
Redeweise, die hier vorherrscht, ist nicht speziell euphuistisch,
da sich derartiges auch schon vorher durch Einfluss der
italienischen Literatur gezeigt hatte, obwohl es erst durch
Lyly's „Euphues" zur Herrschaft erhoben wurde, um dann
durch das ganze Elisabethanische Zeitalter hindurch zu re-
gieren. Beispiele dafür sind an unserer Stelle p. 63a:
„Prick up your ears, and vouchsafe me an audience," wo-
für der Engländer heutzutage einfach „I say" sagen würde.
Dann fährt der Page fort: „(She) would have pleased to
put forth the buckler which Nature hath given all women." —
Das ist selbst ihm etwas zu unklar ausgedrückt, und er
fügt deshalb erläuternd hinzu: „I mean her tongue." Das
Bild wird dann fortgesetzt: „(She) thinks her innocence a
sufficient shield against your jealous accusations." Ferner
beachte man 64a: „Now, sir, for these cuckooish songs of
yours, of cuckolds, horns, grafting, and such-like: what are
they but mere imaginary toys, bred out of your own heads,
as your own, and so by tradition delivered from man to

---

1) Ward, English Dramatic Literature, London 1899, vol. II, p. 434:
„ . . The waggish dialects (something in Lyly's style) of the stage . . ."
2) a. a. O. p. 80, Anm. 2.

man, like scarecrows, to terrify fools from this earthly paradise of wedlock" u. s. w. Dagegen direkt typisch für den euphuistischen Stil sind folgende Redeformen:[1])

a) Die Antithesis: das typischste Beispiel hat Koeppel bereits zitiert. Ferner gehört dazu p. 63 b: „It is a *heavy* case, to see this *light* sex." — „But if our own *imperfections* will not teach us to bear with theirs, yet let their *virtues* persuade us."

b) Die rhetorische Frage ist eins der wichtigsten Merkmale für den Lyly'schen Stil, zumal wenn die Fragesätze massenhaft aneinander gereiht sind, indem sie den Sinn meist nur um eine Kleinigkeit variieren. Ich zähle in dieser Rede, die nicht viel mehr als eine Seite einnimmt, 11 rhetorische Fragesätze. Das beste Beispiel bietet wieder Koeppel's Zitat dar. Ausserdem mag noch erwähnt werden (63 a): „Alas! is it her fault? is she not a woman? did she not suck it from her mother's breast? and will you condemn that as her fault which is her nature?"

c) An Alliteratur beachte man *t*umbled and *t*ossed; from *p*ost to *p*illar; *s*ewing — *s*inging. Das letzte Beispiel kann aber auch zufällig sein.

d) Wiederholung eines einzelnen Wortes in verschiedenartiger Bedeutung, was zugleich ein sogenannter Pun ist, findet sich einmal (63 b): „Why, then, sir, should you husbands cross your wives' *wills* thus, considering the law allows them no *wills* at all at their deaths . . ."

e) Annomination findet sich zweimal: wanton — wanting; courtezan — cuckold.

f) An Wortspielen ist die Rede natürlich auch reich, wie schon aus den erwähnten Beispielen hervorgeht. Andere kleinere Erscheinungen des euphuistischen Stils fehlen zwar, doch konnte Chapman natürlich nicht alles in die immerhin

---

1) Ich stütze mich hierbei auf Bond's sorgfältige Ausführungen über den Stil des Euphues in seiner oben erwähnten Lyly-Ausgabe, vol. I, p. 120 ff.

verhältnismässig kurze Rede bringen, zumal da die übrigen
Merkmale nicht sonderlich auffällige Euphuismen sind. An
wichtigeren Beispielen fehlen eigentlich nur die Anspielungen
auf klassische Autoren, namentlich auf die antike Malerei,
die in der „Anatomy of Wyt" einen so breiten Raum ein-
nehmen, aber da Chapman selber gern etwas seine Gelehrsamkeit hervorkehrte, so hütete er sich wohl, diese Schwäche
hier zu verspotten. Man könnte nun freilich einwenden,
Euphuismen kommen auch sonst gelegentlich in dem Stück
vor, was nicht geleugnet werden kann, aber dasselbe
passierte ja auch Shakespeare, [1]) der gelegentlich den Euphuismus verspottet und doch sich seinem Banne nicht ent-
ziehen kann. Besonders kommen rhetorische Fragen, gewundene Ausdrucksweise und Wortspiele vor, die ersteren
ergeben sich aber meist ganz ungezwungen, die zweite Er-
scheinung war Mode der Zeit und die dritte war das damals übliche Mittel, das Publikum zum Lachen zu bringen. [2])
Nun ist noch immer die Frage offen, ob sich Chapman
dieses Stiles nur des komischen Effektes willen bediente,
oder ob er sich direkt gegen Lyly wendet. Für das Letzte
ist es mir geglückt, einen Beweis zu finden: Der Page sagt
p. 63b: „Let us endure their (sc. der Frauen) bad qualities
for their good; *allow the prickle for the rose, the brack for
the velvet, the paring for the cheese,* and so forth". Diese
Stelle ist Lyly's „Euphues: The Anatomy of Wyt" entnommen, den er zu seinem Zweck natürlich eifrig gelesen
hatte: „As therefore *the sweetest Rose hath his prickel, the
finest veluet his brack, the fairest flowre his bran,* so the
sharpest witte hath his wanton will, and the holiest heade

---

1) Siehe Bonds Auseinandersetzungen a. a. O. vol. I, p. 150—154,
164—175.

2) Auf ein interessantes Beispiel möchte ich beiläufig noch aufmerksam machen, was Bond „Free coinage of Latinisms" nennt (p. 58a):
„O yes, he *adores* you and *adhorns* me", ein Wort, das gemäss dem
Oxford Dictionary nur zweimal in der engl. Literatur vorkommt, beides-
mal bei Chapman. Die zweite Stelle befindet sich in „The Widow's Tears".

his wicked waye . . ." Diese Stelle[1]) genoss sicher damals
den Ruf eines Musters feiner Ausdrucksweise,[2]) denn sie
wurde auch sonst nachgeahmt: Lyly selbst wiederholt sie
leicht verändert in seiner „Dedication to Lord Delaware":
„*The fairest Leopard is sette dowue with his spots, the sweetest Rose with his prickles, the finest Veluet with his brake.
Seing then that in euery counterfaite as well the blemish
as the bewtie is coloured . . .*"[3])

Ganz unverändert ahmt die Stelle zum Beispiel das
anonyme Stück „A Merrie Knack to Know a Knave"[4]) nach:

> „*As the rose hath his prickle, the finest velvet his brack,
> the fairest flower his bran, so the best wit his wanton
> will.*"

Wir dürfen also annehmen, dass Chapman bei seinem
Publikum Kenntnis dieser Stelle voraussetzen konnte, und
wenn er dann den dritten Vergleich, „the fairest flour its
bran", in das sehr unpoetische „the paring for the cheese"
umwandelte, so machte er damit diese vielgepriesene Rede-
wendung lächerlich. Man möge mir dabei nicht einwenden,
dass auch Lyly's Fassung sehr prosaisch sei, denn wie zahl-
reiche Stellen im Euphues und in anderen Werken der Zeit
beweisen, wird das Mehl sehr gern als etwas Köstliches erwähnt. Die spätere Ersetzung des Mehls durch den Leo-
parden erschien ihm freilich noch viel zierlicher. Dass aber
Käse in der Elisabethanischen Zeit wie heute als wenig
poetisch empfunden wurde, wird man mir gern glauben,
vergl. z. B. eine Stelle aus Jonson's „Every Man in his
Humour":[5]) „A rhyme to him is worse than *cheese*, or a
bagpipe . . ." Ich glaube also mit dieser Darlegung be-
wiesen zu haben, dass Chapman mit der Rede des Pagen
Lyly direkt angriff, indem er seinen Stil lächerlich zu machen

---

1) a. a. O. vol. I, p. 184.
2) Vgl. Wülker's engl. Lit. ges. p. 214.
3) a. a. O. vol. I, p. 179.
4) Hazlitt's Dodsley VI, 525. Das Stück wird um 1590 gesetzt.
5) Akt IV, sc. 1. In der früher erwähnten Ausgabe vol. I, p. 38b.

suchte. — Nach diesem Exkurs kehren wir wieder zu der Handlung zurück.

Scene 6—8.

Der wütende Cornelio hat glücklicherweise seinen angeblichen Nebenbuhler nicht angetroffen, denn dieser kommt übermütig und nichts ahnend herein und spielt sich etwas als Don Juan auf. Valerio, der sich ziemlich unbehaglich zu fühlen scheint, als er sieht, welche Folgen seine Verleumdung hat, fährt heftig auf ihn los, warnt ihn vor Cornelio und wirft ihm seine ewigen Liebschaften vor, was dem sittenlosen Höfling aber nur schmeichelt. (Sc. 7.) Auch Rinaldo kommt jetzt und warnt den Höfling eindringlich vor dem zornigen Pächter, dem er lieber ausweichen solle. Dabei hören wir, dass es mit seinen Erfolgen bei den Damen gar nicht so weit her ist, und da er nun doch etwas ängstlich geworden ist, gesteht er auch ein, dass es Gazetta gegenüber nicht weiter als bis zu süssen Blicken gekommen ist. Er will aber nicht merken lassen, dass es ihm unbehaglich zu Mute ist, und deshalb spöttelt er über Cornelio, um sich selbst zu ermutigen, eine sehr lebenstreue Beobachtung. (Sc. 8.) Da tritt auch schon der ergrimmte Pächter, ein grosser, starker Mann, herein und, anstatt ihm auszuweichen, tritt Dariotto, der sich als Höfling dem Landmann weit überlegen fühlt und hier sehr zur Unzeit glaubt, das herauskehren zu müssen, mit prahlerischen und verletzenden Worten entgegen. Wütend schleudert ihm Cornelio eine Beleidigung in's Gesicht, im Nu sind die Degen bloss, und ehe die anderen eingreifen können, hat der Hofmann auch schon eine tüchtige Schmarre am Kopfe davongetragen. Etwas ernüchtert geht Cornelio ab, aber noch keineswegs besänftigt, denn er droht, er wolle sich auf der Stelle von seinem Weibe scheiden lassen. Valerio, der recht wohl weiss, dass er Schuld an alle dem hat, fällt nun wieder über Dariotto mit Vorwürfen über seinen Leichtsinn her.

In diesen Scenen zeigt sich Chapman ganz plötzlich als guten Beobachter einzelner Charakterzüge, wie ich dies an Dariotto und Valerio gezeigt habe. Dies stimmt garnicht so recht mit dem, was wir bisher gesehen haben, überein, und so müssen wir annehmen, dass es nicht Unfähigkeit, sondern nur Hast und Nachlässigkeit ist, was Chapman zu so vielen Ungeschicklichkeiten verleitete. — Um den Gecken zu warnen, sagt Valerio: „Mars himself fell into Vulcan's snare, and so may you." Es kann uns natürlich nicht auffällig erscheinen, dass Capman, der berühmte Homerübersetzer, häufig in diesem Stücke wie auch sonst Reminiszenzen aus Homer vorbringt. Freilich war diese Geschichte, die im Homer Od. VIII, 266 – 366 erzählt wird, wie die ganze Trojanersage[1]) auch schon früher in England bekannt, z. B. wird auf sie bei Chaucer „The Knightes Tale" v. 2388—90 Bezug genommen. Aber bei Chapman brauchen wir natürlich nicht auf andere Bearbeitungen zurückzugehen. Andere Reminiszenzen aus Homer sind die Erwähnung von Paris, Helena und Troja p. 55 a und 73 a, von Menelaus p. 58 b, von der Syrene 69 b, und von den Augen des Argus 53 b und 70 a. Allerdings verraten alle diese keine intimere Kenntnis Homer's. Von sonstigen klassischen Reminiszenzen kommt nur noch Morpheus und eine Anspielung auf die Sage von der Europa vor (p. 76 a), natürlich abgesehen von den Stellen, wo er wirklich Motive aus seiner klassischen Lektüre benützt. Wenn daher Ward[2]) behauptet, Chapman plündere seine klassische Gelehrsamkeit, so trifft dies für unser Stück sicher nur in sehr bescheidenem Masse zu. — Woher das Sprichwort „Sine periculo friget lusus" stammt, habe ich leider nicht ermitteln können. Ebensowenig habe ich in den mir bekannten

---

1) Ich brauche hier nur Lydgate's, Peele's, Caxton's und Barber's Bearbeitungen dieses Stoffes zu erwähnen.

2) Ward, a. a. O. vol. II, p. 419, 449; vgl. auch Mèzières, a. a. O. p. 194.

Fabelsammlungen die Fabel finden können, auf die Valerio anspielt, wenn er sagt:

„Like a jackdaw, that when he lights upon
A dainty morsel, kaas and makes his brags,
And then some kite doth scoop it from him straight."

Vermutlich hat sich Chapman diese Fabel nach Analogie von ähnlichen selber gemacht, denn das scheint an einer späteren Stelle ziemlich sicher der Fall zu sein, oder er nahm diesen Vergleich direkt aus der Natur.

Scene 9.

Der Page hat einen Wundarzt, der den charakteristischen Namen Pock führt, herbeigeholt, um nach Dariotto's Verletzung zu sehen. Dies tut er in sehr umständlicher Weise, was wieder Gelegenheit zu einer Reihe von Wortspielen gibt, und er erklärt schliesslich die Wunde für ungefährlich. Das verletzte Glied, der Kopf, braucht nicht amputiert zu werden, worüber Dariotto natürlich sehr froh ist. Dann gehen alle bis auf Valerio und Rinaldo ab, und der letztere unterrichtet seinen sauberen Freund von seiner neuen Unterredung mit Gostanzo und deren Folgen, und beratschlagt mit ihm, wie man den Alten ferner betrügen könne.

Diese Scene ist wieder recht belanglos und nur der darin enthaltenen Scherze wegen eingefügt. Die Hauptrolle spielt hier Pock, der Arzt, dessen Stand schon ganz in der Art und Weise der späteren französischen Komödie lächerlich gemacht wird. Auch in späteren Komödien von Beaumont und Fletcher spielt diese Figur eine grosse Rolle, z. B. in „Monsieur Thomas", wo 3 Ärzte mit lateinischen Floskeln um sich werfen und sich streiten, während der Kranke immer schwächer wird. [1]) Schon vorher hatte sich

---

1) Beaumont & Fletcher, herausg. von George Darley, London 1859, vol. I, besonders p. 474 b, 476 a, 478 b.

Rinaldo einen Ausfall auf diesen Beruf erlaubt, indem er den Vergleich anwendet: „as fat as a physician, and as giddy-headed" (p. 62b). Pock schwelgt gern in Fachausdrücken, mit denen er tiefen Eindruck hervorzurufen glaubt, freilich ohne Erfolg, denn die Anwesenden machen sich nur über ihn lustig. Man höre nur, wie er (p. 66a) mit hochweisem Gesicht sein Urteil über die Wunde abgibt: „The incision is not deep, nor the orifice exorbitant; the pericranion is not dislocated . . . I will bring it to suppuration, and after I will make it coagulate and grow to a perfect cicatrice." Recht boshaft ist es, wenn Chapman den Arzt fragen lässt, wie lange denn die Kur dauern solle, und als der Verwundete erstaunt fragt, ob man die Zeitdauer beliebig festsetzen könne, antwortet der Arzt sehr offenherzig: „Oh, sir, cures are like causes in law, which may be lengthened or shortened at the discretion of the lawyer." Damit versetzt er zugleich dem Advokatenstand einen Hieb, von dem wir sogleich im nächsten Akte einen Vertreter kennen lernen werden. Überhaupt scheint Chapman nicht viel Zutrauen zu der Kunst der Ärzte gehabt zu haben, denn er lässt z. B. den schwerverwundeten Strozza im „Gentleman Usher" sagen:

> „I'll teach my physician
> To build his cares hereafter upon heaven
> More than on earthly medicines."

Im übrigen spielt freilich der Dr. Benedemus hier eine sehr ehrenwerte Rolle. Eine besondere Schwäche ist es noch, dass Pock sich als Adligen aufspielen will, was die Heiterkeit der jungen Edelleute nur noch mehr erregt. So sagt er z. B.: „Faith, sir, I could fetch my pedigree far, if I were so disposed", worauf Rinaldo höhnisch erwidert: „Out of France, at least", eine sehr interessante Stelle, die beweist, dass man schon damals dem aus Frankreich kommenden Adel Misstrauen entgegenbrachte.

Akt IV.

Scene 1.

Fortunio hat Gratiana mittlerweile in das Haus seines Vaters gebracht, und damit dies möglich war, hat er natürlich die ganze Wahrheit aufdecken müssen. So kommt denn nun der alte Marc Antonio, um seinem Nachbar mit schonenden Worten den Sachverhalt mitzuteilen, und zugleich die eigene Selbstüberhebung milde zu tadeln. Wider sein Erwarten fängt aber Gostanzo zu lachen an und belehrt ihn, dass das alles nur eine List ist, um ihn zu betrügen, wie ihm Rinaldo erzählt hat. Sehr niedergeschlagen beginnt der gute alte Mann zu jammern über die Schlechtigkeit der Welt, doch Gostanzo rät ihm, seinen Kummer zu verbergen und die Sünder vorläufig im Glauben zu erhalten, sie seien unentdeckt, um zu zeigen, dass auch sie sich zu verstellen verständen.

In dieser Scene lehnt sich Chapman wieder einmal an sein lateinisches Vorbild an und zwar diesmal ziemlich stark. In beiden Stücken (bei Terenz IV, 8) wird Menedemus und Marc Antonio die Wahrheit enthüllt und sie erzählen das ihrem Nachbar wieder. Menedemus tut dies, um in ganz menschlicher Weise etwas seinen Triumph zu geniessen, während der sanfte Marc Antonio seinem Freunde gegenüber hierzu verpflichtet zu sein glaubt und nur eine Mahnung für die Zukunft anknüpft. Beide werden jedoch eines Besseren belehrt und wegen ihrer Leichtgläubigkeit verspottet, auch sind beide sehr rasch geneigt, dem Glauben zu schenken und sind sehr niedergeschlagen. Ein Unterschied der beiden Stücke besteht dagegen darin, dass bei Terenz Menedemus empfiehlt, darüber Schweigen zu bewahren, indem er sagt (v. 862): „Inceptumst: perfice hoc mi perpetuo, Chremes!" Während in „All Fools" dies Gostanzo tut (p. 67 b): „Let art end, what credulity began." Und zwar ist beidemal der Grund nicht recht ersichtlich.

In der 1. Scene des 3. Aktes kommt bei Terenz eine Stelle
vor, welche folgendermassen lautet (v. 502 ff.):

Menedemus:

„Di uostram fidem,
Ita comparatam esse hominum naturam omnium,
Aliena ut melius uideant et diiudicent
Quam sua!“

Diese Stelle scheint den Ausspruch des Marc Antonio
in unserer Scene, also in etwas veränderter Situation, veranlasst zu haben, wie schon Koeppel[1]) betont:

„Oh! the good God of Gods,
How blind is pride! what eagles we are still
In matters that belong to other men,
What beetles in our own!“

Bemerkenswert ist, wie der Elisabethanische Dichter
diese Idee in seiner euphuistischen Manier gekünstelt ausdrückt. Übrigens kommt sie auch sonst noch vor, z. B. in
der mittelalterlichen Vita Esopi,[2]) wo es einmal heisst: „Foris
omnes sapimus, aliis consilium damus, nobis ipsis consulere
nequimus.“ An sonstigen Parallelstellen der beiden Scenen
wäre zu vergleichen Ter. v. 357:

Men.: „Ah, frustra sum igitur gauisus miser“

und Chap. 67 b:

M. A.: „What world is this!? . . .
Out of how sweet a dream have you awaked me!“

Also, wie stets, keine wörtliche Entlehnung, sondern
nur ein Herübernehmen der leitenden Idee.

---

1) a. a. O. p. 7.

2) Vergl. in H. Österly's Ausgabe von Steinhöwel's Esop (Bibl. des
lit. Vereins zu Stuttgart 1873) p. 32.

Scene 2 und 3.

Valerio und Gratiana kommen jetzt zu den beiden Vätern, um, von Rinaldo angeleitet und unterstützt, wieder einmal Komödie zu spielen. Sie wissen, dass Marc Antonio seinem Freunde alles erzählt hat (vielleicht haben sie das mit ihm selbst verabredet), und da sie schlau berechnet haben, dass Gostanzo nichts davon glauben würde, werfen sie sich ihm zu Füssen und bitten um Verzeihung, indem sie eigentlich die Wahrheit sagen, während Gostanzo infolge der verschmitzten Anordnung des Studenten alles für Verstellung hält. Er führt aber seine Rolle vortrefflich durch und fährt seinen Sohn so heftig an, dass selbst Marc Antonio sich veranlasst sieht, ihn zur Mässigung zu mahnen. Da er aber versprochen hat, ihm zu zeigen, wie man mit einem ungehorsamen Sohn umspringen müsse, setzt er seine Strafpredigt so energisch fort, und redet sich so in Eifer, dass Valerio gar nicht mehr weiss, was er davon halten soll. Er bettelt und fleht daher ausserordentlich natürlich und geht so weit, dass er sogar verspricht, auf Gratiana verzichten zu wollen, wenn es der Vater durchaus nicht anders wolle, worauf nun auch diese ängstlich wird und ihm Vorwürfe wegen seiner Treulosigkeit macht. Der alte Ritter besinnt sich nun, dass ja alles nur Komödie ist, und hält es für Zeit, grossmütig dem Sohne zu verzeihen, was ihm natürlich nicht sonderlich schwer fällt. Valerio ergreift diese Gelegenheit voller Freude, um ihm das Versprechen abzulocken, diese Vergebung nie zu widerrufen, und Rinaldo, sehr zufrieden mit diesem Erfolg, drängt sie rasch fort. Gostanzo macht nun seinem väterlichen Stolz über seinen klugen Sohn, der so pfiffig betrügen kann, Luft, worüber Marc Antonio bedenklich den Kopf schüttelt. Dann beschliesst man, das Spiel noch länger aufrecht zu erhalten. (Sc. 3.) Als die Väter abgegangen sind, kommen die beiden jungen Leute zurück. Valerio weiss nicht so recht, ob er seinen Vater hintergangen hat oder dieser ihn, aber Rinaldo beruhigt ihn und leitet dann in der üblichen ungeschickten Weise zu dem Corneliomotiv über.

Diese beiden Scenen sind wieder einmal ganz selbstständig von Chapman erfunden worden und tragen auch sehr deutlich den Stempel seiner Originalität, d. h. sie sind sehr amüsant, aber auch recht ungeschickt. Wir müssen uns sehr wundern, dass Rinaldo die beiden jungen Leute so wenig instruiert hat, sodass sie gelegentlich aus der Rolle fallen und ganz unsicher werden. Dann ist es auch eigentümlich, dass sie so genau wissen, was in der vorhergehenden Scene vorgefallen ist. Das mag aber noch hingehen. Es scheint auch fast so, als ob Marc Antonio jetzt doch den rechten Sachverhalt ahne, denn sein häufig wiederholtes „only to blind my eyes" klingt ziemlich ironisch. Ferner ist es sehr eigentümlich, dass sich Gostanzo gar nicht darüber wundert, dass sein Sohn, den er früher für so tölpelhaft gehalten hat, sich plötzlich in einen geschickten Komödianten verwandelt hat. Die Lösung der Verwickelung vollends, die hier eigentlich schon erreicht ist, ist sehr oberflächlich und weicht ganz von der bei Terenz ab. Dort wird dem Clitipho verziehen, als er wahre Reue zeigt, und zum Zeichen der Besserung verspricht, zu heiraten. Hier dagegen wird die Vergebung dem Vater abgelistet, und es heisst doch wahrlich uns etwas viel zugemutet, dass wir glauben sollen, der ehrlose Gostanzo, der in einer früheren Scene den Eidbruch gelobt hat, wie man sich erinnern wird, fühle sich später durch dieses ergaunerte Versprechen gebunden. Ein eigentümliches Motiv findet sich auch noch in der zweiten Scene. Als nämlich Gostanzo auf die Gratiana loswettert und sie „a trull, a blowse" nennt, flüstert ihm Rinaldo höhnisch zu:

„You thought not so last day, when you offer'd her
A twelvemonths' board for one night's lodging with her,"

und setzt ihn dadurch in nicht geringe Verlegenheit. Wir erfahren durch diesen kurzen Wink, dass der nichtswürdige

Alte einen Versuch gemacht hat, die junge Frau zu ver-
führen. Dieses Motiv dürfte Chapman aus seiner Lektüre
des Plautus bekannt sein, wo dreimal ein lüsterner Greis
sich in die Geliebte seines Sohnes verliebt und versucht,
sie ihm abzugewinnen. [1]) Weshalb Chapman dieses Motiv
nicht weiter ausgesponnen hat, ist nicht recht zu sagen.
Es hätte ja sicher grossen Stoff zum Lachen gegeben, den
alten Geizhals verliebt auf der Bühne zu sehen, und sitt-
liche Gründe hielten ihn sicher nicht davon ab. Es ist dies
eins von den unterdrückten, ich darf vielleicht sogar sagen,
vergessenen Motiven, die sich bei Chapman ziemlich häufig
finden. [2]) Ein Grund dafür könnte vielleicht sein, dass
Chapman damals schon an seinem nächsten Stücke „The
Gentleman Usher" arbeitete, wo auch Vater und Sohn um
dasselbe Mädchen werben, freilich fehlt dort ganz das
liederlich-pikante Milieu wie bei Plautus und in „All Fools".

Scene 4.

Cornelio hat seine Drohung, die er in III, 8 ausgesprochen hatte, verwirklicht und einen Scheidungsprozess
gegen seine Frau angestrengt. Eben tritt sein Notar, ausser
von ihm und der beklagten Gattin, von Dariotto, Claudio,
Bellanora, Gratiana und dem Pagen begleitet, auf. Alle
stürmen auf ihn ein, von seiner thörichten Grille abzulassen,
er will aber durchaus nichts davon wissen. Gazetta spricht
eigentümlicherweise fast gar nicht, und wir müssen uns
wohl vorstellen, dass sie weint. Valerio ist wieder wie vorhin bereit, die Schuld auf andere zu schieben und macht
dem eifersüchtigen Gatten Vorwürfe, dass er seine Frau
nicht besser bewacht habe, erhält also seine Anschuldigung
ruhig aufrecht, selbst als es zum Äussersten kommt. Die

---

1) In den Komödien Asinaria, Casina und Mercator.

2) Als ein anderes Beispiel dafür nenne ich „The Widow's Tears",
wo das Motiv des Tharsalio, der sich um die reiche Witwe bewirbt, in
den letzten Akten ganz vergessen wird. obwohl es zuerst die Haupthandlung auszumachen scheint.

Gründe, die Cornelio für die Scheidung vorbringt, sind recht lächerlicher Natur, auch erwähnt er nicht ein einziges Wort von Valerio's Anschuldigung, trotzdem willigt aber der Notar ein und liest mit grosser Umständlichkeit den Scheidebrief vor. Cornelio ergreift die Feder, um zu unterzeichnen, doch da fängt seine Nase an zu bluten, und obwohl es nur drei Tropfen Blutes sind, hält er das doch für genug Grund, um die Sache aufzuschieben. Denn er bringt es doch nicht über das Herz, sich von seiner Frau scheiden zu lassen. Sofort reden die anderen wieder auf ihn ein, er solle das Schriftstück vernichten, er aber, beschämt über seine Schwäche, die er nicht merken lassen will, fährt sie barsch an und heisst sie gehen. Claudio bleibt allein zurück und verrät nun endlich dem törichten Manne, dass Valerio, von Rinaldo inspiriert, seine Gattin verleumdet habe, worauf dieser beschliesst, ihnen dafür wieder einen Streich zu spielen.

Diese Scene führt wieder eine neue Figur ein, den Notar, auf den ich schon bei Besprechung des Arztes Pock hingewiesen habe. Auch er erscheint hier nur als typischer Vertreter des wenig geliebten[1]) Standes, der stets in den Komödien herhalten musste. Etwas Neues ist diese Art des Angriffs auf die Juristen natürlich nicht. Um ein Beispiel zu erwähnen, werden die „serieantes" schon in Greene's „A Quippe for an Upstart Courtier" verspottet. Ebenso wie der Arzt findet sich der Notar in den späteren Komödien von Beaumont und Fletcher.[2]) Schon vorher war diesem Stande ein Hieb versetzt worden, als Valerio erzählt, wie er die Häscher auf die Advokaten gejagt habe, wobei ihre

---

1) Vergl. Mézières a. a. O. p. 162 „Les gens de loi ont eu rarement, dans l'ancien théâtre, la sympathie des auteurs comiques "

2) Namentlich in „The Spanish Curate", wo die Habgier und Ehrlosigkeit der Advokaten im Bartolus verspottet wird, und in „The little French Lawyer", wo La Writ und Sampson, zwei Advokaten, die komischen Personen des Stückes spielen, während der Richter Vertaigne eine ehrwürdige Figur darstellt.

Papiere zerstört wurden, sodass sie nun ohne ihre Notizen nicht mehr im Stande wären, ein Wort im Gerichtshofe zu reden. Ein anderer Ausfall ist bereits bei Pock erwähnt. Der Notar macht sich wie jener lächerlich durch die unglaubliche Umständlichkeit und Wichtigtuerei, mit der er seines Amtes waltet, und kostbar ist es, als er den Scheidebrief vorliest. Zwar versichert er, er wolle nicht alles lesen, um nicht zu ermüden, dann aber bringt er eine entsetzliche Fülle von Fachausdrücken im juristischen Aktenstil vor und drückt in dem ganzen, sehr umfangreichen Briefe nicht mehr aus, als ein gewöhnlicher Mensch mit drei Worten sagen würde. Die Kleinigkeitskrämerei der Juristen wird dann dadurch verspottet, dass Cornelio ängstlich fragt, ob er auch Sunt mit einem S geschrieben habe, und ob er auch keinen von den „authentical dashes over the head" ausgelassen habe, denn sonst wäre das ganze Schriftstück ungültig. Dass es gerade Cornelio sein muss, der sich trotz seiner aufgeregten Stimmung bei allem Schmerz und Zorn über den Notar lustig macht, ist wieder eine von den Ungeschicklichkeiten Chapman's. Ebenso ungeschickt ist es, dass Claudio dem Pächter die Verleumdung Valerio's verrät, als die Gefahr bereits abgewendet ist, während er vorher keine Anstalten dazu machte. — Über den Fall „Butler and Cason", den der Notar hier erwähnt, habe ich nichts ausfindig machen können. Offenbar ist dies eine Anspielung auf irgend einen Tagesklatsch, den wir nicht mehr kennen. Die Beifügung des Duke Anonimo spricht freilich etwas dagegen. Oder versteckt sich darunter noch mehr?

Akt V.

Scene 1 und 2.

Rinaldo tritt auf, stellt eine Betrachtung über die Blindheit des Glückes an und endigt mit den Worten: „My fortune is to win renown by gulling." Das erinnert ihn an seine Erfolge und veranlasst ihn, von neuem damit zu

prahlen und über Cornelio zu spotten, recht zur Unzeit,
denn jetzt hat auch seine Stunde geschlagen. (Sc. 2.) Cornelio kommt nämlich jetzt zu ihm und bindet ihm auf, Valerio sei, wie man schon lange befürchtet hatte, wegen
seiner Schulden verhaftet worden. Er habe zwar die Be-
amten bestimmt, ihn vorläufig in dem Gasthaus „The Half
Moon Tavern" privatim zu sequestrieren, und Rinaldo solle
nun schleunigst den alten Gostanzo von dem Vorfall be-
nachrichtigen, damit er seinen Sohn auslöse. Dieser ist
sehr unangenehm davon berührt, nimmt aber den Auftrag
auf sich, und der schlaue Cornelio sieht ihm triumphierend
nach mit den Worten: „Iam sumus ergo pares".

Das Cornelio-Motiv herrscht im 5. Akte durchaus vor,
nur in der letzten Scene ist die Haupthandlung mit ihm
verschmolzen, was schon in dieser Scene eingeleitet wird.
Nicht ungeschickt ist es, dass Chapman hier den eitlen
Studenten vor seinem Sturz noch einmal recht mit seiner Weis-
heit prahlen lässt. Seine Rede über die Ungerechtigkeit des
Glückes enthält eine der Lieblingsideen Chapman's, der sich,
wie wir wissen, in recht beschränkten pekuniären Verhältnissen befand.[1]) Auch „The Widow's Tears" beginnen mit
einer ganz ähnlichen, nur noch viel bitteren Betrachtung
darüber. In Jonson's „Every Man out of his Humour"
kommt dieser Gedanke ebenfalls mehrfach vor. Das Stück
beginnt gleich mit den Worten:

„Viri est, fortunae caecitatem facile ferre."[2])

Dann ist es besonders der missgünstige und übel-
launige Macilente, der immer wieder auf das trügerische
Geschick schilt. So sagt er einmal:[3])

„Who can indure to see blind fortune dote thus?
To be enamoured of this dusty turf."

---

1) Vergl. Bullen's Chapman-Artikel, p. 49a und 53a.
2) In der erwähnten Ausgabe der Werke Jonson's, vol. I, p. 71b.
3) Ebenda, p. 75a.

Und ein andermal:[1])

„See how the strumpet fortune tickles him,
And makes him swoon with laughter, O, O, O!"

Da dieses Stück, wie ich später noch zeigen werde,
mehrfach Beziehungen zu „All Fools" aufweist, so wäre es
nicht unmöglich, dass hier Beeinflussung vorliegt, zumal da
auch Macilente „scholar" ist und eine dem Rinaldo etwas
ähnliche Rolle spielt, indem er sich bemüht, überall Un-
frieden zu stiften, und zwar nicht des Spasses wegen,
sondern aus reiner Missgunst und Bosheit. — Mit den
Worten „jam sumus ergo pares" huldigt Chapman der
Schwäche seiner Zeit, mit lateinischen Brocken seine Gelehrsamkeit hervorzukehren, wie dies besonders Jonson und
Lyly bis zum Überdruss tun. Diese Worte hätte Cornelio
ebenso gut Englisch sagen können, denn an ein Zitat ist
schwerlich zu denken. P. 73a kommt die Stelle vor: „a poti-
bus incipe iocum", höchstwahrscheinlich ein Zitat aus einem
mittelalterlichen Trinkliede, was dann mit den beiden schon
erwähnten Fällen und den p. 76a „rerum natura" und „ex
nihilo nihil fit" die lateinischen Brocken in unserem Stücke
sind; sie sind also schliesslich nicht übermässig häufig an-
gewandt.

Scene 3—8.

Wie man bereits vermutet hat, ist Valerio nicht wirklich verhaftet worden, sondern hat in der Half Moon Tavern
ein Trinkgelage verabredet, das uns jetzt auf der Bühne
vorgeführt wird. Erschienen sind Claudio, Fortunio, der
Page, die drei Damen, und bald kommt auch Dariotto hinzu. Diese Scenen bieten gar keinen Fortgang in der Handlung, sind nur sittengeschichtlich interessant. (Sc. 6.) Da
platzt plötzlich Rinaldo mit Gostanzo mitten in das tolle
Gelage herein, um, wie verabredet, die Auslösung Valerio's
zu bewirken, und muss nun sehen, dass Cornelio ihn zum

---

1) In der erwähnten Ausgabe der Werke Jonson's vol. I, p. 76 b.

Narren gehabt hat. Zunächst bleiben sie noch im Hintergrunde, der Alte ganz erstarrt, und Cornelio (Sc. 7) gesellt sich zu ihnen, um dem betrogenen Studenten boshaft Vorwürfe zu machen, dass er seinen Freund so verraten habe. Doch auch er muss hören, wie Claudio, sein täglicher Gast, in der Betrunkenheit ihm alles Üble anwünscht. Schliesslich kann sich der wütende Gostanzo nicht länger zurückhalten und stürzt auf seinen ungeratenen Sohn los, auf den dies aber so wenig Eindruck macht, dass er sich über den Alten lustig macht, da er sich bereits im höchsten Stadium der Betrunkenheit befindet. (Sc. 8.) Gerade zur rechten Zeit kommt Marc Antonio hinzu, um zu vermitteln. Zugleich aber wirft er wieder die fatale Frage auf, wessen Weib Gratiana eigentlich sei, denn mittlerweile hat er sich natürlich von der Wahrheit überzeugen können. Gostanzo ist aber noch weit davon entfernt, zu glauben, dass er auch in diesem Punkt der Betrogene sei, bis ihm schliesslich sein Nachbar erzählt, wie er Valerio und Gratiana in einer Situation gesehen habe, die keinen Zweifel mehr zulasse, zumal da Fortunio alles ruhig habe geschehen lassen. Das schlägt natürlich dem Fass den Boden aus, und Gostanzo schwört grimmig, er wolle seinen Sohn enterben und sein ganzes Besitztum seiner Tochter Bellanora hinterlassen. Da springt Fortunio auf und bedankt sich für das reiche Geschenk. Auf die erstaunte Frage, was er damit sagen wolle, kommt es heraus, dass er Bellanora heimlich geheiratet hat. Dies versöhnt den alten Ritter, denn er hat diese Verbindung schon lange gewünscht, und da ihm ausserdem Rinaldo an sein gegebenes Versprechen, die Vergebung nicht zu widerrufen, erinnert, so verzeiht er etwas plötzlich seinem Sohne. Damit sollte das Stück eigentlich aufhören, denn das Cornelio-Motiv ist schon früher erledigt. Aber Chapman kann noch kein rechtes Ende finden. Man entsinnt sich plötzlich, dass Cornelio sich noch nicht mit seiner Frau versöhnt habe, und dringt nun in ihn, auch Frieden zu schliessen. Doch dieser wehrt sie ab mit der lächerlichen Behauptung, auch er habe bisher mit seinen Eifersuchtsscenen nur Komödie gespielt. Als so alles zum glücklichen Ende geführt ist, stellt sich Valerio auf einen Stuhl und hält eine lange, witzige Rede über „das gehörnte Zeitalter", die längste, die in dem Stücke vorkommt. Ein kurzer Epilog, der einige inhaltslose Phrasen enthält, aber auch wieder ausdrückt, welch geringe Meinung der Dichter von seinem Werke hatte, beschliesst dann das Stück.

Ich durfte diese 6 Scenen gleich zusammen behandeln, da sie inhaltlich zusammengehören und auch nicht viel Handlung bieten. Wir sehen hier, dass Cornelio's List vortrefflich gelungen ist, und dass er sich gründlich an seinen Peinigern gerächt hat. Wie schon erwähnt, ist das Trinkgelage sittengeschichtlich ganz interessant, sogar einige Einzelheiten des damaligen „Trinkkomments" werden uns vorgeführt. Auch die zarten Damen nehmen an diesem wüsten Gelage teil, und wieder zeigt Chapman seine Ungeschicklichkeit, indem er auch Gazetta ohne ihren Gatten dabei sein lässt, noch dazu, da sie wie die beiden anderen Frauen während des ganzen Aktes kein Wort zu sagen hat, also ebensogut hätte fehlen können Chapman scheint aber der Meinung zu sein, dass am Schluss alle handelnden Personen (natürlich mit Ausnahme des Arztes und des Notars) auf der Bühne sein müssten. — Das Motiv, dass Rinaldo zuletzt auch betrogen wird, und Gostanzo zu dem Trinkgelage bringt, wo sein Sohn entlarvt wird, könnte von einem ähnlichen aus dem „Eunuchus" des Terenz beeinflusst sein. Auch hier wird der Sklave Parmenio, der alle Welt zum Narren hat, zuletzt von der Sklavin Pythias. hinters Licht geführt, die, um sich zu rächen, ihm vorschwindelt, sein junger Herr sei in grosse Gefahr geraten, sodass er voller Schrecken dessen Vater herbeiholt. Dieser überrascht nun sein sauberes Söhnchen in einer peinlichen Lage (in Sklavenkleidern und im Hause seiner Geliebten), und die Pythias lacht sich halbtot über die gelungene Rache. Wie man sieht, haben beide Handlungen viel Ähnliches miteinander, sodass die Beeinflussung möglich sein könnte, obwohl sich Bestimmtes nicht sagen lässt. — Die ganze Auflösung der Verwickelung hat etwas Gezwungenes an sich, da es, so wie wir Gostanzo kennen, unmöglich ist, dass er so ganz plötzlich seinen Charakter ändert und gutmütig verzeiht.[1]) Bei dieser Lösung des Knotens muss Chapman natürlich sich auch wieder etwas seiner Quelle nähern, die er seit der ersten Scene des vierten Aktes ganz ausser Acht gelassen hat. Bei Terenz ist freilich das Ende ganz ande:s und vollständig ungezwungen, aber einzelne Kleinigkeiten konnte der englische Dichter doch ganz gut für sein Stück gebrauchen. Der endgültige Beweis, dass Gratiana wirklich Valerio's Weib sei, ist zum Beispiel der lateinischen Komödie entnommen, nur dass der Engländer die Scene viel derber und ungenierter schildert. Zunächst sagt Menedemus spöttisch:

„Equidem miror, qui alia tam plane scias" (v. 897)
und ebenso Marc Antonio (p. 74a):

„Did not I tell you you'd o'ershoot yourself
With too much wisdom?"

In beiden Fällen sträuben sich dann die Hereingefallenen, sich für überwunden zu erklären, sodass erst der unwiderlegbare Beweis erbracht werden muss. Als dann kein Zweifel mehr möglich ist, sagt Chremes niedergeschlagen „Occidi", ebenso Gostanzo „t'is too, too plain!" Spöttisch sagt darauf Menedemus, ob denn wirklich der Umstand für ihn überzeugend sei, dass Clinia es geduldet habe, und Chremes antwortet (v. 911 ff.):

„An dubium id tibist?
Quemquamne animo tam comi esse aut leni putas,
Qui se uidente amicam patiatur suam . . .?"

---

1) Dies kann sogar Swinburne nicht leugnen, der ,in dem vorher erwähnten Essay on Chapman) unser Stück in den Himmel erhebt, indem er sagt p. XXV: „I find but one slight and characteristic blemish *worth nothing.* . . . . it is that the final scene of discovery . . . is somewhat hurriedly despatched, with too rapid a change of character."

Ebenso bei Chapman, wo Gostanzo sagt (p. 74b):

„Suspect it? is there any
So gross a wittol, as if't were his wife,
Would sit by her so tamely?“

Höhnisch erwidert darauf Menedemus:

„Quid ni? quo uerba facilius dentur mihi?“

und ebenso Marc Antonio:

„Why not, sir, only to blind my eyes?“

Chremes droht dann (Ter. v. 918):

„At ne illud haud inultum, si uiuo, ferent!“

und Gostanzo (p. 74b):

„I shall make it prove a dear deceit
To the deceiver.“

Ein Unterschied ist dagegen, dass Gostanzo seinen Sohn wirklich zu enterben beabsichtigt, während Chremes ihn mit dieser Drohung nur einschüchtern will. Schliesslich werden die beiden erzürnten Väter durch die erwünschte Heirat der Tochter besänftigt. Man sieht also, dass Chapman sich hier etwas an sein Vorbild anschliesst, mehrfach sogar im Ausdruck, was sonst sehr selten ist. Dies ist um so bemerkenswerter, als er in den letzten Akten immer mehr und mehr das Hauptmotiv vernachlässigt und sich dem Cornelio-Motiv zuwendet, das ihm mehr Gelegenheit zu allerhand Witzen bot. Dass dann Chapman den Schluss ungebührlich hinauszieht, habe ich bereits erwähnt. Die Rede Valerio's bot freilich für den damaligen Geschmack sehr viel Amüsantes. [1] Er beginnt mit den vier Zeitaltern und fügt ein bleiernes, ein hölzernes und zuletzt ein hörnernes hinzu, indem man jetzt lebe. Die Geschichte von den vier Zeitaltern kannte Chapman aus Hesiod's Ἔργα καὶ ἡμέραι, v. 181—315, die er ja selber übersetzt hat. [2] Natürlich war

---

1) Vergl. Ward, a. a. O. vol II, p. 434.
2) Vergl. „The Georgicks of Hesiod“, 214a – 217a im 2. Bande der Shepherd'schen Ausgabe.

ihm aber auch die Darstellung bei Ovid in den Metamor-
phosen nicht unbekannt. Dann wird das Horn in allen
möglichen und unmöglichen Situationen beschrieben und
verherrlicht, und wir müssen wirklich den Witz des Dichters
bewundern, der dieses in der Elisabethanischen Zeit so be-
liebte Thema so geschickt zu variieren verstand. Hier erzählt auch Valerio eine eigentümliche Fabel vom Löwen,
der allen gehörnten Tieren den Wald verbot. Ich möchte
annehmen, dass Chapman diese Fabel seiner Darstellung
halber selbst erfand, wie vielleicht schon die vorhin erwähnte, denn dergleichen Erdichtungen, denen man den
Anstrich von klassischer Überlieferung gab, waren damals
nichts Seltenes und namentlich bei Lyly beliebt; zum
wenigsten habe ich diese Fabel nirgends finden können.
Auch die philosophische Ader Chapman's zeigt sich wieder
in diesem Stück, worauf ich jedoch noch später bei der
Charakteristik Rinaldo's zurückkommen will. Endlich schliesst
das Stück mit der ziemlich unpassenden Bemerkung Gostanzo's:

„Horns cannot be kept off with jealousy,"

und obwohl wir sicher sein dürfen, dass der langatmige
Schluss mit seinen vielen Witzen das damalige Publikum
sehr befriedigte, so können wir heute doch nicht anders
urteilen, als dass die Handlung sich allmählich im Sande
verliert.

Charakteristik.

Ich habe bereits bei der Besprechung des Stückes Gelegenheit gehabt, hier und da Winke über die Charakteristik Chapman's in „All Fools" fallen zu lassen, und möchte nun noch im Zusammenhange darüber sprechen. Wir haben schon gesehen, dass der Dichter sich ausserordentlich lose an seine Quelle anschliesst, indem er nur den kleineren Teil davon verwendet und meist mehr oder minder stark umändert. Der grösste Unterschied der beiden Dichter beruht jedoch in der Charakterzeichnung der handelnden Personen, die mit einer einzigen Ausnahme bei Chapman vollständig umgewandelt worden sind. Dies ist bei Koeppel nicht zu ersehen, was natürlich durch den Plan der Arbeit und die Kürze der auf unser Stück bezüglichen Bemerkungen bedingt ist, denn ich kann mir nicht denken, dass er die vorn zitierte Stelle betreffs der Parallelen zwischen den einzelnen Personen der beiden Stücke auch für ihre Charaktere gelten lassen will. Ich bin mir freilich recht wohl bewusst, welch gewagtes Unternehmen es ist, die schattenhaften Charaktere Chapman's zu fixieren, denn die Charakteristik ist seine grösste Schwäche, und man stösst dabei beständig auf die schärfsten Widersprüche. Eins muss man freilich gelten lassen, was auch Koeppel betont, dass es nämlich der englische Dichter vortrefflich verstanden hat, das Milieu des terentianischen Stückes in die Verhältnisse seiner Zeit zu übertragen. Das ganze Sklaven- und Hetärenwesen seiner Quelle ist geschwunden, wir empfinden

an keiner Stelle mehr etwas von dem Geist des klassischen
Altertums, sondern alles trägt den Charakter des ausgehen-
den 16. Jahrhunderts, und zwar sind die Verhältnisse nicht
spezifisch englisch, wenn sie auch auf englischer Tradition
beruhen, sondern international. —

Die einzige Ausnahme, von der ich soeben gesprochen
habe, ist der Charakter des Marc Antonio, der seinem Vorbild Menedemus ausserordentlich gleicht. In beiden Stücken
sehen wir den sanften, gutherzigen Alten, der nur zu nachgiebig gegen seinen Sohn und seinen Freund ist, der seine
ganzen Handlungen durch seine Ratschläge leitet. Stets ist
er zum Verzeihen geneigt, wie schwer auch die angeblichen
Vergehen seines Sohnes sind. Koeppel bedauert, dass
Chapman „das schönste, menschlichste Motiv der klassischen
Komödie" unberücksichtigt gelassen habe, nämlich das des
„Heautontimorumenos", des Vaters, der sich aus Reue über
seine frühere Härte selbst quält und bestraft. Ich kann
diese Änderung jedoch nicht recht als Fehler empfinden.
Es will uns doch sogar in dem lateinischen Stücke gar nicht
recht glaubwürdig erscheinen, dass Menedemus, der früher
so streng und hart gewesen ist, nun auf einmal nicht bloss
nachgiebig, sondern auch schwach und weinerlich geworden
ist, und überhaupt jede männliche Selbständigkeit verliert.
Fällt diese Vorgeschichte fort, so ist meinem Empfinden
nach der Charakter viel wahrscheinlicher. Dass Marc Antonio
die Tränenseligkeit seines Vorbildes ebenfalls besitzt, beweisen unter anderem die Worte (p. 55a):

„My anger's storm? Ah, poor Fortunio,
One gentle word from thee would soon resolve
The storm of my rage to a shower of tears."

Man könnte Marc Antonio fast das Ideal christlicher
Milde nennen, die kleine Schadenfreude freilich, die Menedemus zeigt, als der ganze Betrug aufgedeckt wird, teilt er
auch in der letzten Scene. Da aber der Verfasser an
einer anderen Stelle, IV, 1, in diesem Punkte dem lateinischen

Stücke nicht folgt, so können wir darin auch eine kleine
Inkonsequenz konstatieren, die durch blinde Nachahmung
der Quelle hervorgerufen wurde. Im Grossen und Ganzen
muss man jedoch sagen, dass der Charakter Marc Antonio's
dem des Menedemus ziemlich treu, nur noch um eine Nu-
ance weicher, nachgezeichnet ist.

Ganz anders verhält sich die Sache dagegen bei Gostanzo und Chremes. Man würde dem letzteren bitter Un-
recht tun, wenn man ihn ohne Weiteres dem falschen, ge-
meinen Alten des Chapman'schen Stückes gleichstellen
wollte. Chremes ist — abgesehen von seinen Schwächen —
doch sicher ein sehr ehrenwerter Mann. Schon die Art und
Weise, wie er in I, 1 sich mit gutherzigen, teilnehmenden
Worten nach dem Kummer des Greises erkundigt und ihn
tröstet, obwohl er diesen kaum von Ansehen kennt, nimmt
uns für ihn ein. Ebenso müssen wir die ernsten, aber
freundlichen Worte, mit denen er Menedemus' verkehrte
Handlungsweise seinem Sohne gegenüber tadelt, bewundern
(v. 153 ff.):

„. . . uerum nec tu illum satis noueras,
Nec te ille; hoc quod fit, ubi non uere uiuitur.
Tu illum numquam ostendisti quanti penderes
Nec tibi illest credere ausus quae est aequom patri."

Auch gegen andere Nachbarn erweist er sich liebens-
würdig, wie wir aus einigen Worten in III, 1 erfahren. Gostanzo dagegen freut sich höhnisch über jedes fatale Er-
eignis, das seinem alten Nachbar, oder Freund, wie er ihn
nennt, zustösst. Wenn Chremes rät, dem Sohne gegenüber
nicht zu nachsichtig zu sein, so tut er dies in bester Absicht, denn er weiss von seinem eigenen lockeren Söhnchen
her, wie sehr manchmal Strenge am Platze ist. Auch da
er so üble Erfahrungen mit der Bacchis macht, die er ja für
Clinia's Geliebte halten muss, so hat er allen Grund, wenig
Gutes von dem jungen Menschen zu erwarten der sich an
eine so liederliche Dirne hängt. Gostanzo dagegen hindert

die Versöhnung zwischen Vater und Sohn nur aus Übel-
wollen, weil es ihn ärgert, dass der Jüngling so leichten
Kaufes davonkommen soll, und zieht sie beständig mit
leeren Vorwänden hinaus. In IV, 5 beweist Chremes seinen
vornehmen Charakter, indem er dem Syrus abschlägt, irgend
eine Rolle in dem Schwindel zu übernehmen (Non meast
simulatio v. 782); auch bespricht er stets mit Menedemus
selbst die Art und Weise, in der er sich anscheinend betrügen lassen soll, während Gostanzo mit Vergnügen sich
mit Rinaldo berät, wie man dem guten Schwachkopf eine
rechte Nase drehen könne. Freilich hält er auch nie Wort
und plaudert alles wieder aus, was vielleicht auch etwas
Einfluss der Quelle ist. Im übrigen lernen wir Chremes
als gutmütigen Gatten und Vater kennen und achten, und
einer seiner Aussprüche ist direkt zum geflügelten Worte geworden v. 77: „Homo sum: humani nil a me alienum
puto." Zu solchen Worten wäre Gostanzo sicher nicht fähig
gewesen. Man beachte nur die bodenlose Gemeinheit, mit
der er sich freut, als ihm sein Sohn erklärt, er habe ein
Versprechen gebrochen;[1]) oder mit welcher Frechheit er der
Gratiana nachgestellt hat und mit dem sehr bedenklichen
Verhältnis zu Cornelio's Mutter prahlt, obwohl er sich sehr
entrüstet darüber stellt, dass Valerio seinen Freund Fortunio
in seinen Rechten als Gatte beinträchtigt hat, wie er glaubt.
Wenn er daher moralisch entrüstet ruft: „My friend's son
shall not be abused by mine", so ist das reine Heuchelei,
die vielleicht auch mehr auf Rechnung der Nachahmung zu
setzen ist. Höchst komisch nimmt es sich dabei aus, dass
dieser unliebenswürdige Alte gelegentlich in galanten euphuistischen Redensarten sich bewegt [z. B. „what woman gra-
ced their company?" p. 49b, oder

> „The sight of such a blazing star as you
> Dazzles my rude son's wits." (p. 56b.)].

---

1) Man vergleiche Worte wie: „Tush, friendhip's but a term",
oder „Honesty is but a defect of wit" (p. 56a), „Promises are no fetters"
55b u. dgl.

Vielleicht war auch hiermit beabsichtigt, den Euphuismus ins Lächerliche zu ziehen. Um noch das hässliche Charakterbild Gostanzo's zu vollenden, hat Chapman die berechnende Sparsamkeit des Chremes, die sich in IV, 7 offenbart, bei ihm in schmutzigen Geiz verwandelt. Dazu passt nun freilich wieder nicht, dass er Fortunio und seine angebliche Frau ohne Weiteres gastlich in sein Haus aufnimmt, eine von den üblichen Inkonsequenzen Chapman's. Chremes' Fehler ist dagegen, dass er sich etwas allzugeschäftig und gelegentlich auch neugierig in fremde Angelegenheiten mischt und gerne seine geistige Überlegenheit zur Schau trägt. In diesen Punkten gleicht ihm Gostanzo vollständig, nur dass bei ihm alles viel krasser, abstossender erscheint, und beide werden durch die schlechte Erfahrung, die sie mit ihren Söhnen machen, empfindlich bestraft.

Als würdiger Sohn seines Vaters zeigt sich Valerio, gleichfalls stark verschieden von seinem Vorbilde. Bei Terenz ist Clitipho ja weiter nichts als ein leichtsinniger Taugenichts, der aber schliesslich doch Reue zeigt, und von dem wir erwarten können, dass er sich in Zukunft besser betragen wird. Valerio dagegen scheut sich nicht, bloss des Witzes wegen und aus Rache wegen eines kleinen Streichs den ehelichen Frieden seines Freundes zu stören, und macht, selbst als es zum Äussersten, zur Scheidung, kommt, keine Miene, den Fehler wieder gut zu machen, sondern ist stets bereit, anderen Leuten die Schuld in die Schuhe zu schieben. Auch die erschreckende Lieblosigkeit, mit der er stets von seinem Vater spricht, den er betrügt, muss uns abstossen. Freilich empfand das Publikum damals kaum die Ehrlosigkeit dieser Figur, und wir können sogar annehmen, dass er einer seiner Lieblinge war. Wir dürfen ja dieses Stück nicht als ein feines Lustspiel im Sinne eines Molière'schen oder Lessing'schen auffassen, sondern als Schwank, als Farce, wie unsere modernen Possen, an denen sich das breite Publikum vergnügt, zumal wenn sie, um mit Rinaldo zu reden, „out of France" kommen, ohne sich klar zu machen, dass die dort vorgeführten Streiche, ins bürgerliche Leben übertragen, eine entsetzliche Ehrlosigkeit bedeuten würden. Aus dieser Tatsache erklären sich auch die vielen Fehler in der Charakteristik, die vom Publikum damals wie heute einfach übersehen wurden. Komisch ist es dabei, dass Chapman gerade diese unsympathische Figur, die wir in lächerlichster Eitelkeit prahlen hören und einmal hochgradig betrunken auf der Bühne sehen, zum Liebhaber ausersehen hat, der gelegentlich die allerzartesten Töne anschlägt (p. 48 b, 61 a, 68 b), während er wieder ein andermal schreit: „Call's in a cleanly noise, the slaves grow lousy." Dabei ist es sehr charakteristisch, dass sich diese Roheit Valerio's fast nur in den Cornelioscenen offenbart, die von Chapman selbständig erfunden sind, während er in den übrigen weit mehr seinem Vorbild gleicht.

Keinen grossen Unterschied von seinem Freunde, was Sittlichkeit anlangt, zeigt Rinaldo, der falsche, verschlagene Student, nur ist bei ihm die innere Niedertracht verfeinerter und berechnender, und darum um so abstossender. Von dem Sklaven Syrus des „Heautontimorumenos" hat er natürlich die Verschmitztheit übernommen und spielt wie dieser beständig den alles leitenden Vermittler. Sonst dürfen wir ihn aber auch nicht ohne weiteres dem alten Pädagogen gleichstellen, denn wenn dieser auch seinen Herrn betrügt, so geschieht dies doch aus Liebe zu seinem Zögling, und da er dabei ausserordentlich viel riskiert, so müssen wir sagen, er handelt durchaus uneigennützig. Rinaldo's Leitmotiv ist dagegen stets nur die boshafte Freude an der Verlegenheit der Betrogenen: „My fortune is to win renown by gulling." Und dabei ist keiner seiner Freunde vor seinen Tücken sicher, ausser sein Busenfreund Valerio, der ja, wie wir gesehen haben, recht gut zu ihm passt. Auch er zeigt sich in den Scenen, in denen sich Chapman an seine Quelle anlehnt, bedeutend sympathischer, als in den Cornelioscenen, wo er einfach als herzloser Schuft auftritt, denn bei der

Verleumdung Gazetta's hat er auch seine Hand im Spiele.
Wie Valerio springt er auch sehr respektlos mit seinem
Vater um, indem er von dessen „simple wit" (66b) spricht,
denn er ist gewaltig stolz auf seine gelehrte Bildung und
auf seine geschickten Pläne, das letztere übrigens wie
Syrus,[1] nur dass dieser noch mehr Grund dazu hat, wie
schon einmal früher erwähnt ist. Dass er zu Padua Philosophie studiert, verrät sich verschiedene Male, und zwar
zeigt er sich als ausgesprochener Skeptiker.[2] Das dürfte
Chapman's eigener philosophischer Lebensanschauung entsprechen, denn wir wissen, dass er in Oxford grosse Ver-
achtung für die damalige Philosophie,[3] womit natürlich
die dogmatische Scholastik verstanden ist, an den Tag legte.
Einmal in der Schlussrede überträgt er übrigens diese
philosophische Ader auf Valerio, was sehr ungeschickt ist,
wie ja überhaupt diese Rede viel besser zu dem feinen
Rinaldo als zu dem plumpen, rohen Valerio gepasst hätte.
Chapman mengt hier offenbar die beiden Charaktere durch-
einander.

---

1) Man vergl. p. 54a:

   Rinaldo:

„Down on your knees, poor lovers, reverence learning.
—   —   —   —   —   —   Mark, what cause
Flows from my depth of knowledge to your loves . . .“
und Ter. v. 709 ff.:

   Syrus:

„Huic equidem consilio palmam do: hic me magnifice ecfero,
Qui uim tantam in me et potestatem habeam tantae astutiae,
Uera dicendo ut eos ambos fallam . . .“

2) Man beachte z. B. 47b:

„And what is beauty? a mere quintessence,
Whose life is not in being, but in seeming" u. dergl. m.

3) Vergl. Phelps in seiner Ausgabe unseres Stückes in der Mer-
maid Edition, London 1895, p. 10.
   Ward a. a. O. vol. II, p. 409.
   Bullen a. a. O. p 47b.

Von den übrigen Personen, die Chapman aus seiner Quelle herübernehmen konnte, ist wenig zu sagen. Dass er die Figur der Sostrata ganz strich, ist bereits bemerkt worden. Ebenso, dass Gratiana, eine anständige Dame, nicht die geringste Ähnlichkeit mit der Dirne Bacchis hat, sondern weit eher der sanften Antiphila gleicht, die einmal die schönen Worte spricht (v. 396 f.):

„— — — me quidem semper scio fecisse sedulo, Ut ex illius commodo meum compararem commodum.“

Auch sonst scheint Chapman bei seiner Gratiana mehr die Gestalt der Antiphila im Auge gehabt zu haben, nur dass er die bestmöglichste Lösung des Knotens, dass nämlich Gratiana sich als Tochter des Marc Antonio herausstellte, ausser Acht gelassen hat. Was Fortunio und Bellanora anlangt, so sind sie so schwach und schattenhaft gezeichnet, dass ein Vergleich mit Clinia und Antiphila unmöglich ist, oder dass sich sonst etwas Bestimmtes über ihren Charakter sagen liesse.

Soweit entnahm Chapman seine Figuren seiner Quelle, doch scheint es, als seien die der Nebenhandlung, des Cornelio-Motivs auch nicht selbständig erfunden. Besonders sind Beziehungen unseres Stückes zu Jonson's „Every Man out of his Humour“ zu konstatieren, [1]), das ähnliche Motive, resp. Charaktertypen aufweist. Jonson und Chapman waren ja damals noch gute Freunde [2]) und besprachen sich sicher über ihre Theaterpläne, liehen sich auch wohl ihre Manuskripte (denn gedruckt waren damals beide Stücke noch nicht), sodass sich eine derartige Beeinflussung sehr leicht erklären lässt. Freilich ist es zweifelhaft, ob hier Chapman Jonson nachahmt, oder dieser ihn, denn die genannte Komödie wurde wie „All Fools“ bereits 1599 aufgeführt, der

---

1) Dies hat schon Ward bemerkt, wenn er in seinem genannten Werke, vol. II, p. 435 sagt: „All Fools“ . . . bears in its general conception some resemblance to that of „Every Man out of his Humour“.

2) Ich brauche nur an die bekannten üblen Folgen ihres gemeinschaftlichen Stückes „Eastward Ho“ zu erinnern.

einzige Anhaltspunkt, den wir über die Chronologie der beiden Stücke haben. Man kann sich also vorstellen, dass Chapman von Jonson beeinflusst wurde und in seiner Hast und Ungeschicklichkeit die betreffenden Motive nur halb ausarbeitete, oder dass Jonson es für wünschenswert hielt, diese Motive noch einmal sorgfältiger und besser auszuarbeiten; denn um das gleich vorauszunehmen, die Charakterstudien Jonson's stehen hier bedeutend über denen Chapman's, mit Ausnahme von Rinaldo, der, wie erwähnt, einige Ähnlichkeit mit Macilente hat, während Chapman in der Handlung und in witzigem Dialog trotz seiner Mängel in der Handlung Jonson's Stück weit übertrifft. Endlich wäre noch die Möglichkeit vorhanden, dass beide Dichter selbstständig auf ihre Motive kamen, und dass Chapman sie soviel als möglich unterdrückte, als er sah, dass sein Freund sie bereits in seinem Stück verwandt hatte. Wir müssen uns also damit begnügen, einfach die Beziehungen der beiden Stücke zu konstatieren.

Die interessanteste Person der Nebenhandlung ist natürlich Cornelio, der „cocu imaginaire", wie Molière[1]) diesen Typus nennt, dessen lächerliche Eifersucht wir schon bei der Besprechung des Stückes kennen gelernt haben. Koeppel[2]) ist der Ansicht, dass Chapman durch den Titel des lateinischen Stückes veranlasst worden wäre, einen anderen Selbstquäler auf die Bühne zu bringen, nämlich unsern Cornelio. Diese Ansicht erscheint mir aber doch etwas kühn. Mehr Wahrscheinlichkeit hat schon seine Vermutung,[3]) dass der Bühnenerfolg des Master Ford in den „Merry Wives of Windsor" den Dichter dazu angeregt habe. In der Tat ist ja hier Eifersucht zum ersten Male als komisches Motiv verwendet worden, während sie sonst immer sehr ernste Folgen hat, z. B. in „Othello", „A Winter's Tale", „Cymbeline" und „Much Ado about Nothing". Sonst hat aber Master Ford

---

1) Sganarelle hat übrigens keine innere Ähnlichkeit mit Cornelio.
2) a a. O. p. 7.
3) Ebenda, p. 7—8.

wenig Ähnlichkeit mit Cornelio, denn dort ist seine Eifersucht durch die gewagten Streiche der Frauen sehr erklärlich, während Cornelio schon von vornherein seine Frau mit seiner Eifersucht plagt. Viel mehr Ähnlichkeit mit ihm hat dagegen Leontes in „A Winter's Tale", dessen Eifersucht ebenso grundlos ist, und der, wie der Pächter, seiner Frau einen Gast, Polixenes, ins Haus bringt und sogar wünscht, dass sie ihn selbst zurückhält, und dann auf ihn eifersüchtig ist. Dasselbe wiederholt sich später in Beaumont und Fletcher's Lustspiel „The Spanish Curate", wo Bartolus diese Rolle spielt. Noch näher als Shakespeare liegt jedoch Jonson mit seinem „Every Man in his Humour", das ziemlich sicher vor „All Fools" entstand, wo wir ebenfalls einen eifersüchtigen Gatten, Master Kitely, sehen, dessen Argwohn auch nicht begründet ist, denn Edward Knowell ist nicht in seine Frau, sondern in Bridget verliebt. Freilich ist er von Natur nicht sehr zur Eifersucht disponiert, sondern wird erst durch die Ränke seiner Freunde, die seine Frau ebenfalls eifersüchtig machen, dazu gebracht. Schliesslich wiederholen sie denselben Scherz, wenn man das Scherz nennen darf, mit dem Clown des Stückes, dem dummen Cob, sodass dieser seine Frau zum Ergötzen seines Publikums tüchtig durchprügelt. Endlich könnte man auch noch daran denken, dass Chapman durch die flüchtig auftretende Eifersucht des Clinia (II, 3) beeinflusst sei, was aber weniger wahrscheinlich ist. — Übrigens verwendet Chapman dasselbe Motiv später noch einmal in „The Widow's Tears", wo Tharsalio ebenfalls seinen Bruder Lysander aus Rache eifersüchtig macht, nur weil dieser ihn etwas geärgert hat, sich also einer gleich schlimmen Handlung schuldig macht wie Valerio. Das Motiv jedoch, das zu Jonson's „Every Man out of his Humour" ziemlich sicher in Beziehung steht, ist der Ehrgeiz Cornelio's, der freilich so versteckt angedeutet ist, dass man ihn leicht übersehen kann. In den Dramatis personae wird er ein „start-up Gentleman" genannt, eine recht unpassende Bezeichnung, denn er ist überhaupt noch

kein Gentleman, auch noch nicht upstart, sondern wünscht
nur dies Ziel zu erreichen. Das erklärt Stellen wie (p. 53a):

> „Yet lives he still abroad at great expense,
> Turns merely gallant from his *farmer's state.*"

Er selbst nennt sich einmal einen peasant (p. 58a), Rinaldo
nennt ihn (p. 57b) the new-turn'd gentleman und Valerio
(p. 59b) the miserable farmer. Aus diesen kleinen Äusser-
ungen müssen wir dies halbvergessene oder unterdrückte
Motiv herauslesen. Dafür spricht auch, dass er, der ein-
fache Pächter, mit Höflingen (Dariotto und Claudio) und
mit Söhnen von Knights (Valerio, Fortunio und Rinaldo)
verkehrt, die ihn jedoch seines Ehrgeizes wegen verspotten
und zum Besten haben. Augenscheinlich ist es Dariotto,
der diese seine Schwäche nährt, um sich seiner Frau nähern
zu können, wie aus III, 8 hervorgeht (p. 65a). Die Figur
des Landmanns, der gern Edelmann sein möchte, ist in
Jonson's genannter Komödie durch Sogliardo vertreten, der
auch farmer[1]) ist und in einem Gespräch mit Carlo Buffone[2])
seinen Ehrgeiz verrät: „I have land and money, my friends
left me well, and I will be a gentleman whatever it cost
me." Er wird ebenfalls von den Höflingen Fastidious Brisk
und Puntarvolio deshalb verspottet und ausgebeutet, und
man sucht ihn zu überreden, an den Hof zu gehen,[3]) genau
wie bei Chapman. Schliesslich hören wir, dass er seinen
Zweck erreicht hat, indem er das „patent of Gentleman"
für 30 l. kauft. — Dieser Charakterzug ist bei Jonson klar
und deutlich ausgearbeitet, während er bei Chapman so
wenig hervortritt, dass man bei flüchtigem Durchlesen das
Motiv überhaupt übersehen wird, was mich zu der Annahme
berechtigt, dass der Dichter es entweder absichtlich unterdrückt oder vergessen hat, wie das des galanten Alten.
Wenn man noch hinzunimmt, dass der Arzt Pock ebenfalls

---

1) Vergl. die genannte Ausgabe Jonson's p. 76b.
2) Ebenda p. 72.
3) a. a. O. p. 123a.

behauptet, aus altadliger Familie zn stammen, und dass der Wasserträger Cob in „Every Man in his Humour" auch mit seinem Stammbaum prahlt, freilich ohne es selber ernst zu meinen, so dürfen wir annehmen, dass beide Dichter hiermit eine übliche Schwäche ihrer Zeit geisseln wollten.

Neben diese beiden „Humours", wie sie Jonson nennt, stellt sich ein dritter, der durch den Höfling Dariotto vertreten wird. Das Wenige, was über seinen Charakter zu sagen ist, ist bereits im Laufe der Abhandlung beigebracht worden. Er spielt gern den Don Juan, aber den zahmen, denn seine Erfolge sind nur „mere imaginary toys", um mit dem Pagen zu reden. Besonders interessiert uns hier aber sein Auftreten als geschniegelter Hofmann, als Kleidergeck, wie ihn Valerio so köstlich beschreibt (p. 72b):

„I wonder where that neat spruce slave becomes;
I think he was some barber's son by th' mass,
'Tis such a picked fellow, not a hair
About his whole bulk, but it stands in print.
Each pin hath his due place, not any point
But hath his perfect tie, fashion, and grace;
A thing whose soul is specially employ'd
In knowing where best gloves, best stockings, waistcoats,
Curiously wrought, are sold; sacks milliners' shops
For all new tires and fashions, and can tell ye
What new devices of all sorts there are,
And that there is not in the whole Rialto
But one new-fashion'd waistcoat, or one night-cap,
One pair of gloves, pretty or well perfumed,
And from a pair of gloves of half-a-crown
To twenty crowns, will to a very scute
Smell out the price; and for these womanly parts
He is esteem'd a witty gentleman."

Mit dieser Charaktertype stimmt auffällig die Figur des Höflings Fastidious Brisk in „Every Man out of his Humour" überein, wie man am besten aus der Schilderung ersieht, die Jonson selbst von ihm gibt:[1])

„A neat, spruce, affecting courtier, one that wears clothes well, and in fashion: practises by his glass how to salute; speaks good remnants, notwithstanding the base viol and tobacco; swears tersely, and with variety; cares not what lady's favour he belies, or great man's familiarity. e. cet."

Nehmen wir noch hinzu, dass er den eitlen Sogliardo, den Cornelio des Stückes, wie erwähnt, ebenso durch seine Schwäche ausnutzt und verspottet, und dass er zwar simplen Bürgerfrauen, wie der Fallace imponiert, bei den Edeldamen aber keinen Erfolg hat trotz seiner Renommistereien,[2]) so wird man gewiss nicht bestreiten, dass diese beiden Figuren denselben Typus wiedergeben. Wieder ist bei Jonson dieser Charakter besser ausgearbeitet als bei Chapman, wo man sich diese Eigenschaften teilweise aus ganz versteckten Bemerkungen zusammensuchen muss.

Gazetta ist eine sehr nebensächliche Person, von deren Charakter nichts zu sagen ist, und für die sich deshalb auch kein Vorbild finden lässt. Eine recht schwierige Frage ist nur, ob sie wirklich unschuldig ist. Stellen wir einmal die einschlägigen Stellen zusammen: In I, 6 (p. 53) beklagt sie sich über ihres Gatten grundlose Eifersucht:

„Fearing perhaps lest it may teach me that
Which otherwise I should not dream upon."

Ebenso zeigt sie sich in II, 6 (p. 58):

„Jesus! what moods are these? did ever husband
Follow his wife with jealousy so unjust? . . .

— — — — — — — — — —

But I protest all your unkindness never
Had strength to make me wrong you but in thought."

Von Claudio wissen wir ferner, dass die Anklage Valerio's

---

1) In der angeführten Ausgabe p. 63.
2) In der angeführten Ausgabe besonders p. 111 b.

erlogen ist. Allerdings müssen wir annehmen, dass Dariotto wirklich schlimme Absichten auf sie hatte, denn Rinaldo sagt einmal von Gazetta (p. 57 b und 58 a):

„With whom the amorous courtier Dariotto.
Is far in love."

Ein ander Mal prahlt auch Dariotto mit seinen Erfolgen bei ihr (p. 64 b):

„What, shall the shaking of his bed a little
Put him in motion?"

Das alles ist aber nicht beweisend, denn er zieht seine Verdächtigung sogleich wieder zurück und bekennt, alles laufe nur auf süsse Blicke hinaus (p. 65 a), höchstwahrscheinlich auch nur von seiner Seite. Damit kontrastiert nun eigentümlich, wenn Cornelio in der letzten Scene (p. 75 b) ganz harmlos erzählt: „I let him alone with my wife in her bedchamber, and sometimes found him abed with her, and went my way back again softly, only to draw him into the pit." Soll das ganze Cornelio-Motiv Sinn haben, so muss natürlich Gazetta unschuldig sein. Offenbar sagte es aber Chapman nicht zu, die Reinheit einer Frau anzuerkennen, dem damaligen Zeitgeschmack angemessen, da dies ja gar keinen Stoff zum Lachen geboten hätte. So scheint wieder einmal die Sucht nach Effekt ihn zu einer Ungeschicklichkeit veranlasst zu haben.

Um endlich noch auf den Pagen zu kommen, so ist zu sagen, dass dieser Typus natürlich auch nicht neu ist. Mit dem bekannten Pagen Moth in „Love's Labour's Lost" und dessen Vorbild, dem Pagen Epiton in Lyly's „Endimion" hat er wenig gemeinsam, nur dass sie ebenso wie er gelegentlich sich mit ihren Witzen als recht unverschämte Schlingel zeigen. Dagegen scheint mir diese Figur etwas von dem „servant-boy" [1]) Dromio in Lyly's „Mother Bombie"

---

1) Dromio scheint kein gewöhnlicher Diener zu sein, sondern auch ein Page, wie aus seiner Lateinkenntnis und der Behandlung seines Herrn hervorgeht.

beeinflusst zu sein, der gerade so wie er eine unverschämt verschmitzte Art und Weise hat, seinem Herrn mit verstelltem einfältigen Gesicht die unangenehmsten Dinge zu sagen und ihn gründlich zu ärgern. Worte wie „You are well read, sir; your sonne may be a bastard, and yet legitimate; yourself a cuckold, and yet my mistres vertuous; all this in conceit", [1]) könnten ebenso von Curio gesagt sein und klingen direkt wie ein Zitat aus seiner Rede. — Von Claudio ist weiter nichts zu sagen, da er eine ganz unbedeutende Rolle spielt und kaum ein paar nichtssagende Worte redet. Von Pock und dem Notar als Charaktertypen ist bereits an Ort und Stelle das Nötige erwähnt worden.

Fassen wir noch einmal zur besseren Übersicht das Gesagte zusammen: Chapman ist in seinem Stücke im Grossen und Ganzen originell. Er lehnt sich zwar an Terenz' „Heautontimorumenos" an, doch nur ganz oberflächlich, und die Motive, die er übernimmt, sind meist stark umgeändert. Sein Interesse erkaltet auch bald an diesem Stoffe und wendet sich immer mehr dem Cornelio-Motiv zu, das die beiden letzten Akte fast vollständig beherrscht. Am meisten ändert Chapman die Charaktere seiner Vorlage um, und zwar mit entschiedenem Misserfolg, wie überhaupt die Charakteristik seine Hauptschwäche ist. [2]) Auch in der Handlung steht sein Stück stark unter dem lateinischen, übertrifft es jedoch an amüsanten Details, woraus

---

1) In der erwähnten Lyly-Ausgabe, vol. III, p. 174.
2) Dies betont auch Phelps in seiner erwähnten Ausgabe von „All Fools" p. 24: „In psychological analysis of character he is weak". Dagegen behauptet die Retrospective Review (vol. V, p. 316): „The characters in general are well sustained".

sich auch die verschiedenartigen Urteile über das Stück ergeben.[1]) Was andere Quellen anlangt, so sind zunächst
mehrfache Anlehnungen an Lyly und Jonson, das letztere mit
dem erwähnten Vorbehalt, zu konstatieren. Aus klassischen
Autoren habe ich trotz eifriger Lektüre keine weiteren Ent-
lehnungen auffinden können, abgesehen von den wenigen
erwähnten Fällen, von denen aber auch zwei problematischer
Natur sind. Für Cornelio könnte eventuell auch Beeinflussung von Shakespeare vorliegen, was bei dem Blumen-
motiv Ophelia's für mich wenigstens sicher der Fall ist.
Die von Collier behauptete italienische Quelle für die Rede
Valerio's in I, 1 scheint mir unwahrscheinlich. Dies wäre
alles, was ich an neuen Quellen habe finden können, und
da sich auch diese selten mit absoluter Bestimmtheit konstatieren lassen, so dürfen wir Chapman durchaus nicht
seinen Ruf als origineller Dichter absprechen.

---

1) Den schroffsten Gegensatz in der Beurteilung Chapman's bilden
Swinburne und Ulrici, von denen der eine ihn bis in den Himmel erhebt,
der andere ihn wohl etwas zu streng kritisiert. Im Grossen und Ganzen
lässt sich sagen, dass die englischen Kritiker zum grössten Teile unser
Stück ausserordentlich hochschätzen, während die Deutschen und der
Franzose Mézières sich ihm gegenüber sehr skeptisch verhalten.